山田方谷の
藩政改革と
その現代的意義

経済政策を中心として

三宅康久 著

大学教育出版

はしがき

　最近になり特に幕末の備中松山藩（現在の岡山県高梁市）の財政再建に成功し、貧しい領民の生活を安定させ、失業者の減少に努力し、教育や治安にも力を注いだ、山田方谷に注目が集まっている。そのためか、最近、方谷に関する書物が数多く出版されている。なぜ方谷が注目されているのかを考える場合、現在の日本の置かれている現状と関係があるのかもしれない。リーマンショック以来、金融危機の影響が深刻化した結果として、世界的な消費低迷のために、中小・零細企業だけでなく、世界的な大企業の業績も急激に悪化している。また、ホームレスの増大、派遣社員、非正規社員だけでなく正社員のリストラ、賃金カットという現象までも起こっている。一方、方谷は倹約に基づく財政再建策を実行し、上級武士に対しての給与、賃金カットを行っているが、貧しい農民や下級武士に対しての給与、賃金カットそして増税は行っていない。企業の論理としては、企業の存続のためには社員を犠牲にせざるをえないという考えであろうが、方谷は、藩の財政再建において貧しい領民を犠牲にしてはいけないという考えである。多くの企業の改革理念は、方谷の改革理念とあまりにも対照的である。そして、方谷は藩の財政再建に成功したが、企業は人件費を減らしているのに、必ずしも成功していない。方谷の改革は、貧しい

農民や下級武士に対しての給与、賃金カット、そして増税は行わず、貧しい領民を豊かにすることを目的とした結果、備中松山藩という企業が豊かになり、財政再建に成功したのである。

今日、方谷が注目されているのは、多くの人々が、方谷のような賢明で温かい心のある指導者が現れるのを待ち望んでいるのであろうか。現在の日本において、賢明で温かい心を持った指導者が少ないからであろう。方谷は、今から200年ぐらい前に生まれ、備中松山藩の藩政改革に取り組んだが、その経営哲学や経済思想を明らかにすることはできるはずである。私たちは、国や地方公共団体の累積した財政赤字、昨今の経済不況とデフレ、資本のグローバル化による経済格差問題に直面すると、彼なら克服できるのではないかという思いを寄せ、景気が悪くなればなるほど、方谷は注目されていくであろう。方谷に関しては数多くの書物が出版されて、各種資料等の解説・翻訳、また方谷の生い立ち、藩政改革の内容についてわかりやすく説明しているが、ケインズ経済学や新古典派経済学のようなマクロ経済学の視点から分析しようとする試みまではなされていないのが現状である。そのためには、当時の時代背景や経済環境を含めた歴史的資料等をいかに解釈し、分析するのかということが大切であると思われる。

「山田方谷の藩政改革」というテーマの研究を続けていく中で元山陽学園大学教授太田健一先生から、方谷の経済政策、歴史的分析についてご指導いただきました。

京都大学大学院経済学研究科において、吉田和男先生（京都大学大学院経済学研究科教授）にご指導していただきました。方谷が佐藤一斎の下で陽明学を学んだのと同じように、先生に出会い、経済学だけでなく陽明学も学ぶことができました。

　ロンドン大学大学院経済学研究科に留学していましたが、山本裕美先生（京都大学名誉教授／中央大学経済学部教授）、福尾洋一先生（関西学院大学名誉教授）、大泉英次先生（和歌山大学経済学部教授）、故森嶋通夫先生（当時ロンドン大学名誉教授）にご指導していただきました。関西学院大学経済学部において故杉谷滋先生（元関西学院大学名誉教授）にご指導していただきました。

　また、親類の筋にあたりますが、故熊谷尚夫先生（当時大阪大学名誉教授）からご指導をいただきました。

　山田方谷研究会を通じて、故坂本忠次先生（元岡山大学名誉教授、元関西福祉大学教授）朝森要先生（元吉備国際大学非常勤講師）、野島透先生（財務省）、柴田一先生（就実大学名誉教授）からご指導いただきました。

　池上惇先生（京都大学名誉教授）、上田正昭先生（京都大学名誉教授）から励ましの言葉をいただきました。

　その他多くの方々にお世話になり、深くお礼を申し上げます。

2011 年 8 月

　　　　　　　　　　　　　　　　　　　　　　三宅　康久

山田方谷の藩政改革とその現代的意義
――経済政策を中心として――

目　次

はしがき……………………………………………………… *1*

第1部 経済不況、デフレ、財政赤字解決のための新しい経済政策 …………………………… *9*

序　章　山田方谷の藩政改革と経済政策を現代の経済不況、デフレ、財政赤字の解決のために生かす ……… *18*

第1章　想定・認知と経済政策 ……………………… *23*

1. 言語学における認知プロセスと経済政策　*23*
2. 現代の金融危機に対して方谷の通貨政策からの教訓　*30*

第2章　ケインズ経済学、新古典派経済学の視点からみた山田方谷の藩政改革 ……………………… *32*

1. 問題提起　*32*
2. 今までにない新しい経済政策の可能性　*36*
3. ケインズ経済学と新しい経済政策の違い　*39*
4. ソリトン型経済システムとしての可能性　*45*

補論　国営企業設立の現代的意義
　　　──専売制における買上価格と最適化──　*50*

目　次 7

第2部　山田方谷の藩札刷新政策の経済モデル …… *61*

第1章　山田方谷の藩札刷新政策とその経済学的意義 … *62*

第2章　備中松山藩における正貨と藩札の経済モデル … *71*

第3章　藩札の信用回復のハネムーン効果 ……………… *80*

第4章　山田方谷の藩札刷新モデル …………………… *90*

第5章　今後の研究の方向性 ………………………… *102*

第3部　山田方谷の財政再建と金融マクロ経済政策
…………………………………………… *107*

第1章　現代に生かす山田方谷の藩政改革と財政再建 … *117*

第2章　現代の財政思想 ………………………………… *124*

第3章　新しい財政理論と金融市場 …………………… *128*

参考文献 …………………………………………………… *136*

第1部

経済不況、デフレ、財政赤字解決のための
新しい経済政策

10 第1部 経済不況、デフレ、財政赤字解決のための新しい経済政策

は じ め に

　今回の世界大恐慌、金融危機においては、新古典派経済学でも、ケインズ経済学だけでは対応しきれずに、今までにない新しい経済学が、現在求められている[1]。大恐慌とは、株式市場の暴落が原因となり、人々の資産価格は下落し、バランスシート不況に陥り、消費のために使う資金が減少してしまった現象であると考えられる。そのために、失業者が増大し、ますます経済不況が悪化することになる。もし、山田方谷の藩政改革とその経済政策をマクロ経済学として体系化したものを、方谷経済学と定義するならば、山田方谷による経済政策では、信用がなくなり、価格が下落している藩札を、短期間で人々から信用され、価格が安定した藩札の流通に成功したように、大暴落した株価を、短期間で上昇させるための経済理論と経済政策を提供することになる。方谷経済学においては、方谷が藩札の発行と専売制を同時に実行したように、国営企業設立により、大暴落した株価を上昇させ、失業者を雇用し、金融危機による大恐慌からの脱出を想定している。つまり、方谷は藩札を発行し、領民に資金を融通し、領民に財を生産させ、撫育方がその財を購入し、江戸へ移出（輸出）することで、藩が利益を得ているが、同様に、政府が株式や通貨を発行し、人々に資金を融通し、財を生産させ、国営企業がその財を各地域や他の国々に移出するものとする。各地方公共団体や各国の政府が協調して、

国・県・市営の企業を設立し、株式や通貨を発行し、人々に資金を融通し、財を生産させ、国営企業がその財を本当に必要としている各地域や他の国々へ移出することで通貨と財の流れを活性化し、世界経済を縮小から拡大へと向かわせることにするものである。もし、国営企業の株式が上昇すれば、その株式を購入していた人々の資産は上昇するはずである。しかしながら、国営企業の株式だけが上昇しても民間企業の株式が上昇しないと大恐慌からの脱出は困難であると考えられる。そのために、民間企業の株式市場を活性化させるために、国営企業の株式と民間企業の株式を結びつけることが大切である。つまり、方谷が備中松山藩の藩札が正貨との両替によって保証されているように、民間企業の株式が、国営企業との株式との両替を保証されているようにすれば、民間企業の株式は、民間企業の財が国営企業により購入され、安定した収益を生み出すという想定に伴って、上昇していくことが期待されるものである。しかしながら、国営企業の株式であれ、民間企業の株式であれ、株式が上昇するためには、人々に余剰資金が必要となるが、政府紙幣発行だけでは不充分であると考えられる。そのために、方谷の通貨政策から学ぶべきことは、方谷は信用のなくなった通貨の切り下げを行っていないということである。換言すれば、信用がなくなり、価値の下落した通貨の切り上げを行ったことで、経済を活性化させることに成功している。その様子は、以下のとおりである。

12　第 1 部　経済不況、デフレ、財政赤字解決のための新しい経済政策

　　永札と申は山田方谷先生元〆（締）在勤中新たに発行せらしものにて、永銭百文裏に十枚を以金壱両に引替えるの明文あり、同十文札百枚を以壱両に替、同五文札弐百枚を以壱両に替、此三種也。五札と云ふは旧来の札にて五匁札の事也。此分には偽札多くして下方の信用薄し、故に先生在役中大抵不残引上げて、近似（名村）川原に於て焼捨られたり其他は、御国替の延享元年、発行の壱匁札、五分札、三分札、二分札有之、永銭札通用の後は、旧来の分を長札と唱へ候、其後に至り小銭払底より壱分札、五厘札、三厘札、弐厘札杯発行に相成たり、此長札の分は金壱両八拾分位にて引替相成候故、永銭札は長札の八、九分に当れり、故に時の流行言葉に人々智の足らざるものを永銭と呼びたり[2]。

　これは、永銭札は長札の 80 ～ 90％の価値を設定され、両替が行われているということである。具体的に言えば、永銭札が 8 千円とすれば長札は 1 万円の価値があり、市場では価値のない長札 8 千円を市場では価値のある永銭札 1 万円と両替しているということである[3]。つまり、信用のなくなった通貨を切り上げることにより、人々に余剰資金を持たせることで経済を活性化させていることである。その経済思想の原点は、頼山陽の経済思想と共通するものがあると考えられるが、信用のなくなった通貨の切り下げを行った他の藩の通貨政策とは異なっている。また『頼山陽通議』にて領民の利益を考慮した政策こそが重要であり、領民の利益を考慮しないと藩の利益につながらないと述べている[4][5]。

　本書は、この考えの正当性や現代の経済問題の解決のための可能性を検討するため、山田方谷の藩政改革とその経済政策に

ついて、歴史的分析だけでなく、マクロ経済学の視点からも分析していこうとするものである。

注
1) 伊東光晴は、今回の経済危機の本質に関して、世界的な長期不況入りは避けられないとし、不況の進行は先進国の経済政策を変化させる。新古典派的金融政策中心の政策の行きづまりによって、財政政策へと比重が移るであろう。これをユーロ圏についてみれば、今まで財政について課せられていた規制—財政赤字を GDP の 3% 以内にするなど—が緩和されるだろう。アメリカについては、政権交代が財政支出による景気対策を行わせることになる。現にサムエルソンやクルーグマンなど、民主党を支持している経済学者は、財政赤字による大規模な財政支出を求めている。サムエルソンは 11 月 17 日付「朝日新聞」で次のように語っている。「この危機を終わらせるためには、何が有効なのか、それは、大恐慌を克服した『赤字をいとわない財政支出』だろう」。では、その規模は、クルーグマンは 11 月 14 日のニューヨークでの記者会見で、その額はアメリカの「GDP の 4%(約 6,000 億ドル) の支出でもまだやや足りないと思う。こんな数字をいうと、人々はあごが外れるぐらいに驚くだろう。しかし、これが現状なのだ(朝日新聞)」と述べている。私はこうした政府支出で景気は回復しないと思っている。理由の第 1 は、政府支出が景気を回復させるためには、その刺激によって、民間投資が誘発されなければならない。第 2 は、誘発される民間投資がなければ、政府支出による需要増加の波は減衰するからである。同一産出高水準を保つだけでも、次期に同額の政府支出を必要とする。そして第 3 に、政府支出増は産出高の水準(フロー)を高めるのであるが、不況の原因となっているのは、巨額なキャピタルロスの発生、つまり資産(ストック)の損失であり、次元が違うのである。フローがストックに影響を与えるのは直接的ではなく、長期間を必要とする。

14 第1部 経済不況、デフレ、財政赤字解決のための新しい経済政策

そして、第4に、アメリカの金融機関に発生した損失だけを見ても、GDPの10%といわれているのであるから、GDPの4%の政府支出で回復というグルーグマンの考えは、日本の90年代不況の前例を考えても疑問である。日本の90年代不況は、GDPの2倍を超えるキャピタルロスを生みその10%が金融機関で生じた。アメリカは今回、キャピタルロスの多くを海外に押しつけている。しかし、それだけに広がりが大きく、不況は簡単に終わらない。われわれは長期不況を覚悟しなければならない」。（伊藤光晴「世界的な長期不況入りは避けられない」今回の経済危機の本質『エコノミスト』2008、12. 23、pp66-69）

2) 國分胤之編「魚水実録」明治44年、1911 高梁藩親睦会 p91、92
3) 太田健一『山田方谷のメッセージ』吉備人選書　2006　pp124-126
4) 『第十九　銭貨(せんか)を論ず　上』

　古今を通じて、銭貨―貨幣―を用いることの利と害とは、両言にして定めることができる。すなわち、人民のためを思って鋳造するときは、政府においても利があるが、政府のために鋳造すれば、政府も人民も共に利を失うと。

　〈中略〉

　かの周王朝の大銭、秦の半両、漢の白金、皮幣、三銖(しゅ)、赤側(せきそく)、王莽の二十八品、孫権の当千銭(とうせんせん)など、いろいろな法定貨幣があったが、いずれも廃して行われなかったのは、すべてが人民をごまかすため、そこに刻んである金額だけの品質をもっておらず、他物を混入して造ってあったからである。それは官利を増やそうとの一念から出たもので、政府の奢侈、浪費が極まって、国用が底をついたからである。そこで他物を混入し、見かけだけを取りつくろって、厚さや大きさを同一にした。実際に役立たないものを、役立つように見せかけ、強権を濫用して、これを通用させようとした。人民は、はじめ欺されていたが、やがて覚ってからは、いかにかけ声をかけられても、断じて用いなくなった。ここにおいて、強権をもって臨んでも、全く効きめはなかった。政府の鋳造するところも、ついに無用のものになり下がって

終わってしまった。利をはかりながら、利を得ることができなくなったのは、すこしも不思議なことではない。

〈中略〉

ところが、民利をはかって造っても、盗鋳や偽造の問題がついてまわるのは、やはり弊害ではないかというものがある。しかし、これもまた官利をはかる心が、その底流に残っているから起こるのである。そのわけは、政府が鋳造するのは、これに要する費用と努力とを少しでも省いて、少しでも多くの貨幣を造ろうと思っている。だから、ややもすると内容を軽薄にし、あるいは他物を混ぜあわせる。だから、容易に民間で盗鋳や偽造が起こるのである。もし、その投下するところのものを惜しまず、その内容を精密にし漢の五銖、唐の開元銭のようにするときには、人民は似せて造ろうと思っても、費用と利益とがあい償わないことを知る。だから、誰が法を犯し、死を覚悟して贋造などしようか。政府において官利をはかる心を絶っているのに、なおかつ盗鋳や偽造をおこなう者があれば、その者は甘んじて刑罰に就く者である。断じて彼を誅罰しても、誰も同情などはしない。

ところが、鋳貨や紙幣を、いずれも官利をはからずに造ったとしても、鋳貨は貴重で、紙幣はどうしても軽く見られがちである。法律で同一価値をうたっても、どうしても実際には軽重の差が生ずる弊害は、いったいどうしたらいいのであろうか。しかし、この弊害については、共に官利をはかることに帰することはできない。物価と貨幣と紙幣と鋳貨とは、いずれも秤にかけたようなもので、一方が軽いときに他方が重く、一方が高いときは他方が低い。これは人力のよく摂理するところではなく、自然の価値法則なのである。それは権─秤─というもので、制禦することのできないものである。

つまり、貨幣が多量に出廻っているときは、物の値段は高くなる。ここにおいて政策をかまえ、貨幣を官庫におさめて、物との均衡を保つようにする。反対に、貨幣の発行を抑えるときは、物価が安くなるのは当然である。同じように紙幣が多くダブついているときは、銀貨

の値が高い。ここにおいて政策をほどこし、紙幣を官庫におさめて、これがバランスを回復する。紙幣の価値が、わずかに高いときは、銀貨の価値は低い。これも、権(けん)の自然に出づるものである。けれども、貨幣の発行を調整するなどは、虚声を張りあげて人民をだまし、その実は雑物を混ぜて悪鋳し、買入れ米の価格をおさえ、しばしば政策を変更して、人民の鼻づらを引きずり廻したりする者が、よく成しうるところではない。

　それは、ひとえに民利を慮る者のみが、よく成しうるものである。はじめに貨幣を造るとき、すでに人力と自然との異なる条件があるのである。その自然の法則なるものに逆らわず、順応してこそ、自然を制することができる。

　そうしてこそ、貨幣価値は平準化し、紙幣を発行するにしても、準備金の用意が滞らず、よく民心を服することができる。自然の価値法則は、人力をもって制することはできない。いかに強権をもって、禁令を発しても、けっして官志を行うことはできない。これは和漢とも、その軌を一にするものである。

　〈中略〉

　けだし貨幣を造って、人民の間に流通させるのは、百年も無くて済むものをもって、一日といえども無くては済まないものに替えるのだから、このような制度は無用のものであろうか。いや、決してそうではなく、人民がこれを便利としているのは、そもそも何故であろうか。それは、金・銀・銅などが、珍重すべきものであることを知っているからである。紙幣についても、金銀の裏付があるからして、珍重されるのである。だから、その珍重される心理状態にもとづいて、制度として存在させることができる。これが自然というものであり、自然の価値法則というものである。

　ところが、珍重なものに混ぜて、これを悪鋳する。あるいは珍貴なものを棄てて、粗銭ばかりを鋳造し、強権をもってこれを流通させようとする。このようなことを、人力というのである。このように見て

くると、後世の貨幣を造る者は、人力をもってせずに、自然をもってすべきである。そうすれば、天下の貨権は、坐してその軽重を制禦することができるといっても過言ではない。

(安藤英男訳『頼山陽通議』白川書院　1977　pp163-167.)

5) 山田方谷の詩の背後にある経済思想がその経済政策を支持している「興定年間に新紙幣を発行して旧紙幣ととりかえたが、このとき新紙幣の一枚が旧紙幣の百枚に相当する割合の表示になった。例えば、旧来の一円紙幣が千円紙幣にあらためられていたのである」

(宮原信『山田方谷の詩』その全訳　明徳出版社　1982　pp567-568.)

序　章

山田方谷の藩政改革と経済政策を現代の経済不況、デフレ、財政赤字の解決のために生かす

　山田方谷は 1805（文化 2）年に現在の岡山県高梁市に生まれ、200 年以上が経過している。方谷は 45 歳の時、備中松山藩の元締兼吟味役となり、藩政改革に取り組み、就任時に十万両（約 600 億円相当）あった借金を完済し、逆に十万両の貯金を藩にもたらしている。本書は、金融危機、経済恐慌、そして財政赤字という経済問題に苦しんでいる現在の日本経済とサブプライム・ショックのため、資産価格の下落により、ますます悪化している世界経済に対して、欧米の経済学とは異なり、備中松山藩の財政再建・経済改革に成功した山田方谷という人物に視点を置いてみることで、今までにない新しい経済政策へのヒントを導き出そうとするものである。現在、多くの経済的弱者がますます増えているが、そういった時代であるからこそ、方谷に関する歴史的資料や漢詩を分析し、読み明かし、マクロ経済学の視点から、方谷の経済理論、経済政策、そしてその背

方谷は随筆の中で「1830（天保元）年中秋の8日、門外に立っていると村民の租税を納める者がぞろぞろと前を通った。あっ村民の苦労はひどいものだ。一年中労力を尽くして田畑を守り、その収穫はどれほどだったろうか。それを上納するために担ったり腹ばったりして、遠くお役所まで運ぶ。一夕の米でも辛苦の結果なのだ。今や国は疲弊して財政は窮乏し、富商から借金して年々その利子を払うこと数千両にのぼる。それを村民の血と汗をしぼりとって補っている。それによって村民の利益にもならず村民の苦労は増すばかりで、全て精力を尽くして縁もゆかりもない富商をもうけさせている。これでは先君が国家を建設して人民を安堵させる心に反するものである」と述べている[1]。方谷が生きた時代は、米本位経済から貨幣経済へと移行しており、各藩は、財政赤字を補うために藩札を発行し、そのため貨幣量が増大し、物価の高騰を引き起こしていた。そのため、ますます領民の生活は苦しくなり、藩の財政赤字を農民に対して、度重なる増税で補っていた。一方、方谷は、貧しい農民に対しての年貢米の増加、商人からの借り入れという手段でなく、つまり藩が農民を犠牲にし、搾取するといった矛盾したシステムを改革している。方谷は、藩、武士、商人、農民が共に豊かになるシステムを構築し①上下節約、②負債整理、③産業振興、④紙幣刷新、⑤領民撫育、⑥文武奨励等の政策により、藩政改革に成功している。方谷は、撫育方を設立し、藩

で生産されたものはすべて藩のものとしているが、その目的は、領民の撫育であるという経営理念を含んでいる。方谷の藩政改革と経済政策を分析して明らかになることは、第一に、増税や緊縮財政にしなくても財政再建が可能であるかもしれないということである。第二に、経済不況や金融危機に対して方谷が行ったように、金融部門、財政部門、物流部門、情報部門を統合した市場原理の最大限の活用と計画と統制に基づいた新しい日本型撫育システムの創造が求められているということである。

「リーマン・ショックの年、まだ見えぬ出口」（日本経済新聞2009年9月16日）によれば「リーマン破綻から間もない08年10月11日にワシントンで開いた20カ国・地域（G20）の緊急財務相会議をスワン豪財務相は当時の緊迫した空気を振り返る。「このままでは世界は大恐慌に陥る。」一国では対処できない事態に、先進国と新興国は力を合わせる必要に迫られた。08年11月と09年4月のG20首脳会議を通じ、日米欧と中国などは、金融安定策、財政・金融面の景気刺激策で協調行動をとる。ガイトナー米財務長官も「G20は今や国際協調の中心」と、先進国だけでは回らない現実を認める。ショックから一年、世界経済は最悪期は脱したようだが、危機は過ぎ去ったわけではない。「金融と実体経済に続く危機の第3波は失業の増大だ」とストロスカーン国際通貨基金（IMF）専務理事は警告する。

世界経済は各国の景気対策で支えられているが、雇用が回復

し、家計の所得が増えなければ再び失速する恐れもある。先進各国で財政赤字が膨らむ中で、財政刺激策にも限界がある。量的緩和など異例の領域にある金融政策も同じだ。」としている。

　もし、財政政策や金融政策に限界があるならば、財政刺激策にも量的緩和政策にも依存せず、備中松山藩における財政赤字、藩札の下落、失業者の増大という3つの経済問題を同時に解決した方谷に注目したい[2]。

注
1)　鳥越一男「第一章山田方谷と地方自治―藩財政の改革をめぐって」坂本忠次編著『地域史における自治と分権』大学教育出版　1999　p.25.
2)　山田方谷は藩札を専売制とリンクすることで経済問題を解決している。同様の事例が他の藩でも見られる。
　「19世紀に入ると、地場産業の振興を目的として藩札を発行するという事例が増大した。肥前国にあった対馬藩の飛地＝田代領の銀札との関連で議論された。国産物の専売制とリンクした藩札の発行が増大していったのである。この場合、藩札は生蝋、藍などといった地場産業の育成を目指して特産品の生産業者に設備増強資金を貸し付けるための手段として利用されていた。こうした融資はそれまでの間、有力問屋が担っていた。生産前貸しに相当するが、実際にはそれ以上の経済効果を発揮し、領国経済の発展に大きく寄与したのである。というのも、専売制と藩札発行とリンクした結果、特産品の生産業者に対し、長期にわたる設備資金を融通するという資金供給経路が新たに創出されたほか、領国大名政府が資金融通機能を媒介として、地場産業の振興に直接関与することが可能となったからである。専売制とリンクした藩札発行は地場産業の振興、発展に寄与するにとどまらず、幕府貨幣の純流入額の増大および貸付利子の獲得を媒介として藩財政を潤すとともに、藩札に対する信認の向上

に繋がるという効果を有していたのである。新たに発行された藩札の貸与という形態で資金融通を受けた商家は、それを支払資金に充当して特産品の生産施設の拡大に努める。生産施設の拡大は、乗数効果を通じて領国内の生産・消費活動を刺激する。こうした一連のプロセスを経て藩札は領内を循環し、その経済活動を刺激するとともに幕府貨幣の純流入を促した後、藩庫に回収される。作道教授および田谷教授による所論とは異なり、藩札は信用貨幣でもなく政府紙幣でもない。藩札は領内における通貨不足の解消や財源調達を目的として、領内で流通していた幕府貨幣との引替えで発行された代用貨幣あるいは地域通貨として規定することができる。専売制と藩札発行がリンクした結果、特産品の生産業者に対し長期にわたる設備資金を融通するという資金供給経路が新たに創出されたほか、領国大名政府が資金融通機能を媒介として地場産業の振興に直接関与することが可能となったからである。」

(鹿野嘉昭　藩札の経済学　東洋経済新報社 2011、pp132-135)

第1章

想定・認知と経済政策

1. 言語学における認知プロセスと経済政策

　山田方谷の経済政策を分析する場合、言語学における認知プロセスが役に立つ。なぜ言語学のパラダイムが経済政策に有効であるのかを考える場合、言語や発話内容によって、話し手が聞き手に対して、行う行為（主張・命令・依頼・約束・警告・感謝）を引き起こすことができるからである。オースティンの発話行為理論（speech act theory）によれば、発話行為（locutionary act）（言葉を発するという行為自体）発話内行為（illocutionary act）（発話によって主張や命令などを引き起こす行為）発話媒介行為（perlocutionary act）（発話行為と発話行為遂行の結果、聞き手や第三者の感情、判断、行動になんらかの影響を与える行為）に分類できる[1]。もし speech act theory（発話行為理論）を経済政策に応用すれば、経済政策によって発せられるメッセージや情報が人々の行動に影響を及ぼし、人々の行動を変えるものであれば、どのようにして政府の経済政策の意図を、人々に認知させたらいいのかを考える際に、言語理論は経済学に役立てることができるかもしれないと考えられる。

　政府が経済政策の目標を達成する際に、もし人々が、経済政策に対して、その目標を達成してくれるように反応して行動してくれれば、政府は経済政策の目標を達成することが可能となるかもしれない。しかしながら、人々が経済政策に対して反応せず、あるいは、その目標の達成を阻害するような行動をするならば、政府は経済政策の目標を達成することはできなくなる。そのため、マクロ経済政策、金融市場の安定化政策において、人々の認知、文脈、状況の解釈、背景知識、スキーマという視点から、政府の自由裁量政策を議論していくことは意義のあることのように思われる。新古典派経済学（New classical ecomomics）は人々の期待という視点から、政府の自由裁量政策の有効性に疑問を投げかけているが、しかしながら、もし人々の期待を変化させることができれば、自由裁量政策の有効性を高めることが可能であるかもしれない。物理学や工学の分野だけでなく、労働市場や金融市場や為替レート変動における貿易収支の調整においても、ヒステリシス現象が存在することが経済学者によって主張されている。ジョン・メイナード・ケインズが主張し、ノーベル経済学者であるポール・クルーグマ

ンが支持する流動性トラップにおいて、政府の金融危機、つまり自由裁量政策に対して、人々が反応しないことを意味するが、ヒステリシス現象のひとつである。金融市場において、中央銀行の介入政策や金融政策に対して、為替レートや株価が反応しないことも、一方、シグナル効果や大恐慌における財政政策の有効性、高橋財政の成功、レンテンマルクの奇跡、ポアンカレの奇跡など、歴史的事実を見れば、経済政策のやり方によっては、ヒステリシス現象に左右されず、人々の行動に影響を及ぼすことが可能であるということである。

つまり、新古典派経済学の主張するように、自由裁量政策が無効であるという命題をそのまま信じることは、英語でいういかに"naive"なことである。もし政府の経済政策によって発せられた情報やメッセージが人々の持っている想定に対して何らかの影響を及ぼし、人々の行動を変化させることに成功すれば、自由裁量政策が有効である。もしそうであれば、言語学のパラダイムを分析し経済政策に応用することで、いかにしたら経済政策の有効性を高めることができるのかを研究していくことは有意義である。J・R・サールは「私は言語を使用するとき、あることがらを相手に伝えたいという私の意図を相手に認知させることによって、そのことがらを相手に伝達しようと試みている。そして、相手の側においてこの意図された効果を実現させるために、私はその効果を実現しようという私の意図を相手に認知させようとする。かくして、私が実現を意図したことが、いかなることがあるかということが聞き手によって認知

されるや否や、その効果は実現することになる。要するに、聞き手は、私があることがらを述べようと意図して口にしたことを発する際の、私の意図を認知するや否や、私が述べていることを理解するのである。」と述べている[2]。

　一方、Sperber Wilson によって確立された関連性理論によれば、人間の認知は関連性指向であり、自分にとって関連性があると思われる情報には注意を払うが、人々の注意を促すことができなければ、関連性の期待を生み出すことができないことになる。もしそうであれば、政府の経済政策によって発せられる情報やメッセージが、人々にとって関連があると思われず注意を払わないならば、何らかの影響を及ぼし、人々の行動を変化させることはできない。一方、もし、政府の経済政策によって発せられる情報やメッセージに対して、人々が注意して払えば、人々の行動を変化させることに成功する。関連性理論によれば、聞き手は関連性の原理に基づいて、特定の解釈にふさわしいものを選んだり、聞き手の持つ背景知識から新しい想定を創り出すことになる。もしそうであれば、政府の経済政策において、まず人々の持つ背景知識を変化させ、経済政策の情報、メッセージに対して、人々が政府の経済政策の目標を達成するのに都合の良い解釈、文脈選択、そして想定を持たせることに成功すれば、自由裁量政策の効果は高まることになる。関連性理論によれば、聞き手は、背景知識や常識をすべて利用して発話解釈や推論を行うことは聞き手の認知能力から考えて無理があるということである。言語学における情報処理の負担化とい

う概念において、コミュニケーションにおける情報は、最も経済的な方法で伝達される原理が働くというのが定説となっている。英語学における情報構造の概念において、コミュニケーションがうまくいくために旧情報を文の前方に、新情報を後方に配置するのが望ましいとされている。つまり、コミュニケーションにおいて、経済性原理というものが機能しているということである。

認知言語学では、統語的移動現象を生成文法で用いられる変形規則や原因によって説明するのではなく、事態の中の何かを際立たせるものとして、視点というものを重視している[3) 4)]。もしそうであるならば、経済政策において、情報構造、人々の認知プロセス、経済性原理、視点というものを重視した経済政策を行うことが大切であると考えられる[5)]。政府の経済政策の目標を達成するために、都合の良いように、人々を経済政策の発する情報やメッセージのある特定の視点だけに注目させることで、政府の経済政策が人々の行動を変化させることに成功するはずである。

もし経済政策を政府と民間とのコミュニケーションであると考えるならば、民間が政府の経済政策の意図を推論する基準を明らかにできれば、自由裁量政策を行う場合不確実な要素を除くことができる。合理的期待論では人々がどのように予想し、その認知的プロセス、推論過程まで明らかにしていない、関連性の原理に従い、特定の文脈を選択し、その選択が政府の経済政策の目標と一致していれば、政府は経済政策の目標を大

きなコストを支払うことなく達成できたことになる。もし経済政策の発するメッセージや文脈が、人々の想定と一致し、人々が政府が望んでいる想定に従って行動すれば、自由裁量政策は有効となる。関連性理論によれば、新情報が旧情報とまったく関係がないならば、推論過程において、利益が少なく、処理コストが高くなる。また、旧情報と新情報が関係があり、2つの情報から新しい情報を引き出すことに成功すれば、2つの情報には相乗効果があり、関連性がある（relevant）ことになる。経済政策において、政府が、何が民間にとって注意を払う価値があるほどの関連性があるのかということを理解していれば、経済変数の急激な変更というコストを支払わなくても、情報の伝達やアナウンスメントという行為だけで、経済目標を達成でき、民間が自ら意思で動くことになる。

　山田方谷の通貨政策を言語学のパラダイムから分析すれば、方谷は藩札の信用を回復するために、信用のなくなった藩札を正貨と両替したり、信用のなくなった藩札を焼却したりすることで、人々の認知的環境を変化させていると考えられる。流通している藩札が信用を失い、価値が下落しているという状況において、人々は藩札の価値が今後さらに下落するので、その前に、正貨と両替しておくべきであるという想定があったと考えられる。また、藩札の価値が下落するのは、藩の財政が赤字であり、正貨の準備金の量に対して、流通している藩札の量が多すぎると人々が思っているということが原因であった。そのため方谷は、下記のような経済政策を行っている。

① 藩の財政が赤字。
② 藩の財政赤字を補うために藩札を発行。
③ 藩札の価値が下がるという懸念。
④ 現実に t 期において、藩札の価値が下がり始めている。
⑤ 現実に t + 1 期において、さらに藩札の価値が下がっている。
⑥ 藩札の札崩れにより損失という被害を避けるために、正貨と両替しておきたいという人々が持つ想定を変化させる。その具体的な経済政策は、下記の通りである。
(a) 信用のなくなった藩札を正貨と両替する。
(b) 信用のなくなった藩札を焼却する。
(c) 正貨の準備金の量を増加させる。
(d) 新しい藩札を発行し、領民に生産物を作り出すため、藩札を貸し付け、生産物を江戸で販売し、正貨を得るという専売制のシステムを構築している。

上記の経済政策の変化に対して、人々の想定は変化したと考えられる。方谷は人々に、新しい藩札は信用され、順調に流通するであろうという想定を顕在化させることに成功したと考えられる。

2. 現代の金融危機に対して方谷の通貨政策からの教訓

　もし、現代の金融危機において、人々に株価は必ず上昇するという想定を顕在化させることが大切である。そのために、下記のような経済対策が望ましいことになる。金融危機による株価の下落に対して、実体経済への悪化を防ぎ、人々のバランス・シートを向上させるために、株価を上昇させようと思えば、下記のような経済政策が必要である。

① 人々に株価購入のための資金を持たせることである。
② 人々の認知的環境を変えることで、株価の下落が実体経済に対して、悪影響を及ぼすという想定を捨てさすことである。
③ 政府通貨、株価の下落で損失を被った人々に対して、株価の購入時の値段で株価を買い戻す。そうすれば、人々は損失分だけの金額に相当する通貨を手にすることができる。

　ただし、人々が手にした通貨は、期限付きであり、ある一定の期間以内に使用しないと効力を失うものとする。また、その通貨は、株式の購入か、政府が赤字企業から購入した商品に対してしか使用できないものとする。

④ 政府が通貨発行により、赤字企業から商品を購入することで経済が負債デフレーションに陥るのを防ぐ。
⑤ 政府は金融危機や大恐慌に対して、公共投資、金融緩

和、減税という手段だけでなく、通貨発行により、失業者に対して正規社員に支給されていたものに相当する給与を支払い続ける。

　政府はマスコミの協力により情報という手段を通じて、人々に株価上昇、景気回復に対するプラスの情報に注目させる。

⑥　政府は失業者、非正規社員を雇用し、経済を回復させるために、国営企業を設立し、国も民もともに収益を生むシステムを構築する。

注
1) オースティンの発話行為理論（speech act theory）については、ジョン・L・オースティン著、坂本百大訳『言語と行為』大修館書店　1978（Austin、John L（1962））
2) J・R・サール著、坂本百大・土屋俊訳『言語行為』勁草書房　1992　p.76.
3) 山梨正明『認知言語学原理』くろしお出版
4) D. スペルベル・D・ウィルソン著、『関連性理論 伝達と認知』第2版　研究社出版　1999
5) 「残念ながら、マクロ経済政策はロケット工学でないことがわかりました。ミサイルの構成部分は経済を構成する人間とは異なり、自らに適用される力を理解したり、予見したりしない」
　（リフレと金融政策、Ben Bernanke/ ベン・バーナンキ、日本経済新聞社、2004　p.43-44.)

第2章

ケインズ経済学、新古典派経済学の視点からみた山田方谷の藩政改革

1. 問題提起

　ケインズが一般理論において主張していることは、古典派理論はその前提が満たされていない場合、完全雇用を達成することができず、そのために中央統制によって完全雇用を達成することができたならば、古典派理論はその有効性を発揮するというものである[1]。

　ケインズが意味する中央統制とは、所得の再分配政策や投資量を社会的に統制し消費性向を増大させる政策を意味すると考えられる。完全雇用を達成するためには、投資と消費が同時に促進されることが必要になり、そのために政府機能の拡張が必要であるとしている[2]。ケインズによれば、資本の限界効率は、資本財の将来の収益に関する現在の期待に依存してお

り、その期待は不安定なものであり、資本財の将来の収益に関する楽観的な期待によって特徴づけられるものである。ケインズは、一般理論において「好況の後段階は、資本財の将来の収益に関する楽観的な期待によって特徴づけられており、その期待は資本財の過剰化傾向も、その生産費の上昇も、おそらくまた利子率の上昇も相殺するほど強力なものである。過度に楽観的な思惑買いの進んだ市場において幻滅が起こる場合、それが急激なしかも破局的な勢いで起こることは、組織化された投資市場の特質である。そこでは、買手は自分の買っているものについて、まったく無知であるし、投機家は資本資産の将来収益の合理的な推定よりもむしろ市場人気の次の変化を予測することに夢中になっている。その上、資本の限界効率の崩壊にともなう狼狽と将来についての不確実性は、当然に流動性選好の急激な増大を促すし、そのため利子率の上昇が起こる。このように資本の限界効率の崩壊が利子率の上昇と結びつく傾向があるという事実は、投資の低下を著しく深刻なものにすることがある。しかし、それにもかかわらず、事態の核心は、資本の限界効率の崩壊の中に見いだされなければならない」と述べている[3]。

つまり、経済不況が深刻化するのは、資本の限界効率の崩壊によるものであり、政府が金利をいくら引き下げても、資本の限界効率が産業界における制御できない強情な心理によって決定されることにより、金利の引き下げだけでは産業界における強情な心理を変化させることはできず、確信の回復までにはな

らないということである[4]。産業界が予想収益に対して信頼を置いているかぎり、好況が続くことになるが、もし産業界が予想収益に対して疑いをもつようになれば、経済不況が始まることになる。資本の限界効率の低下は株式の暴落など、資産価格の下落を引き起こし、その結果として人々の消費性向を下落させてしまうようになるので、そのために経済が好況から不況へと移行してしまうことになる。株式の下落が人々の支出額を減少させてしまうことになる。換言すれば、株式市場の活況が消費性向の増大のための不可欠な条件であるということである。

もし株式市場が活況を失った時、投資市場の心理に想像を絶するほどの徹底した変化が必要であるということである。しかしながら、ケインズは消費性向と投資誘因とを相互に調整する政府機能の拡大というものを主張しているが、どのようにしたら株式市場が活況するのかということについては何も述べていない。一方、ケインズは「一般に、産出量および雇用の現実の水準は、生産能力や既存の所得水準に依存するものではなく、生産に関する現在の決意に依存するものであって、この決意をさらに投資に関する現在の決意と現在および将来の消費に関する現在の期待とに依存する。さらに、われわれが消費性向および貯蓄性向すなわち、一定の所得をどのように処分するかについて個々の心理的性向を社会全体についてまとめたものを知ることができれば、与えられた新投資水準のもとでの利潤均衡点において、所得の水準したがって、産出量および雇用の水準がどれだけであるかを計算することができる」と述べて

いる[5]。つまり、ケインズによれば、経済の好況や不況を決定するものは、人間の決意と期待であることになり、資産価格を向上させるためには人間の決意と期待が無視できないことになる。

　小野善康は「すなわち、地価や株価が膨れ上がってそろそろその崩壊の予兆が現れた時期に、金持ちが消費の効用に限界を感じ、資産保有へと傾いていく傾向を的確に表現している。この後、日本経済はフローの面においても不況の坂を転がり落ちて、人々はますます消費をしなくなり、この不安な時期に流動性の確保に腐心していくことになった。人々が消費の伸びをストップさせて、流動性および資産保有へと走り出した状況を表現していることになる。これが長期的な有効需要不足へとつながっていったのである。このような状況に対して、新古典派の理論は、財市場の需要不足に価格が反応して下落すれば、人々の保有する流動性の実質量はいつかは十分に拡大するから流動性の蓄積よりも消費の増大のほうに興味が拡大し、潜在的な供給量がいかに大きくても結局は有効需要はそれに見合う分まで伸びていくと考えている。しかし、事態はそれほど甘くはない。人々の流動性保有願望には飽和点がなく、そのため流動性プレミアムが長期的に消費の利子率を超えたままにとどまるならば、いつまでたっても有効需要が十分には拡大しないという可能性が生まれてくる」と述べている[6]。上記の主張より経済を不況から好況へと移行させるのは、人々の現金資産保有への動機であり、換言すれば、経済を不況から好況へと移行させる

ものは、人々の現金資産保有から財や株式等の資産保有への動機を強め、消費の増大させるようにすることであることが理解できる。

しかしながら、問題は、もし財政政策や金融政策が人々の現金資産保有から財や株式等の資産保有への動機を強め、消費を増大させることにおいて効果がなかった場合、どうすればよいのかということに関してケインズ経済学、マルクス経済学、新古典派経済学は、解答を与えているように思われない。そのため、今までにない新しい経済学が求められることになる。

2. 今までにない新しい経済政策の可能性

山田方谷の藩政改革と経済政策をヒントにして、言語学における認知プロセス、経済性原理を経済学に応用した今までにない新しい経済政策を提示することができる。その本質とは、経済統制によって財の価格を引き上げ、投資に対する不確実性を減少させ、旧紙幣を回収し、旧紙幣よりも額面額の大きい新紙幣を発行し、下落した株価や為替レートを下落する以前の価格で購入することで、人々の貨幣購買力を向上させることである。国営専売企業の設立により、民間から財を購入し、その財の不足した国や地域に移出することで、政府の財政収入を増大させることを目標としている。世界大恐慌、金融危機、デフレ脱出のために、市場の調整能力、インフレ・ターゲット、量的

第2章 ケインズ経済学、新古典派経済学の視点からみた山田方谷の藩政改革　37

緩和政策、通貨供給量の増大、低金利政策、公共投資の増大、有効需要の増大等の経済政策によるのではなく、財の購入価格や通貨単位の変更という経済政策により、解決しようとする。株式や為替レート等の資産価格の向上を経済的目的とし、人々の貨幣購買力を向上させようとするものである。株価が下落するという現象は、人々が株保有よりも相対的に現金保有を選好することを意味しており、現金保有よりも株保有へと人々の意識を変化させるためには、人々の貨幣購買力を増大させることである。

　財政支出により人々の現金保有額を増大させ、物価の減少率、増加率に比例して通貨単位を変更させるような経済政策を提言する。例えば、株価や物価の減少率が50%であれば、企業の収益が50%の減少になると考え、2倍の価格で国営企業が財を購入したり、従来の紙幣額面額の2倍の額面額で新しい紙幣を発行し旧紙幣と交換することで、人々の貨幣購買力を安定させることができる。

　貨幣購買力は下記の方程式によって説明される。
① 貨幣購買力 = f (物価水準、為替レート、株価、給与水準、通貨供給量、可処分現金保有額)
② 貨幣購買力 = α (資産価格、資産保有量) + $\beta \left(\dfrac{人々の可処分現金保有額}{物価水準} \right)$

企業の販売価格と物価水準とは、ある程度の相関関係があると仮定し、物価水準の向上は、人々の貨幣購買力に対してプラ

スの効果とマイナスの効果があり、もし企業の販売価格における物価水準のプラスの効果が、人々の可処分現金保有高に対する物価水準のマイナス効果を上回るのであれば、人々の貨幣購買力は向上し、もし企業の販売価格における物価水準のプラス効果より、人々の可処分現金保有高に対する物価水準のマイナス効果が上回れば、人々の貨幣購買力は減少することになる。

　物価水準の調整を貨幣数量説に基づいた通貨供給量の増減によって行うものではなく、政府による企業の生産物の購入価格の調整により行うものであり、また株価の調整を政府による企業の生産物の購入価格と数量の調整と、人々の貨幣購買力の向上、お金に困っている人に対しての無利子と返済期限のない条件での資金の融通、国営企業による失業者の雇用、労働法の改正によるセーフティネットの確立により行うものである。

　例えば、人々は現在保有している通貨価値が減少すればするほど、通貨価値の安定した新しい通貨を望むようになると考えている。通貨価値が減少すればするほど、金や株、外国通貨を人々は保有しようと考える。また、一人の学生のエッセイが、それしか読まなかったら60点であるかもしれないが、その前に非常に良いエッセイを読んでいると、そのエッセイは60点でなく、40点にしか見えなくなるかもしれない。反対に、その前に非常に悪いエッセイを読んでいると、そのエッセイは60点ではなく、80点になるかもしれない。

　このように新しい経済政策では、資産価格の変動を人間の視点、つまり相対性、認知プロセス、焦点というものとの関連で

分析しようとするものであり、株価を上昇させようとすれば、金、外国通貨、自国の通貨の相対的減少という政策を支持することになる。

3. ケインズ経済学と新しい経済政策の違い

　ケインズが一般理論において主張しているのは、政府が財政支出により、公共投資を行えば、当初の公共投資よりも何倍もの所得水準を増加させることができるというものである。ケインズ経済学においては、どれだけ所得水準が増加するのかは限界消費性向に依存していることになっている。一方、方谷の経済政策においては、その乗数効果は人々の貨幣購買力、経済ネットワーク、財の認知度（どの程度人々がその財を欲しているのか）に依存している。新しい経済政策における財政支出に乗数効果は下記の図式によって説明することができる。

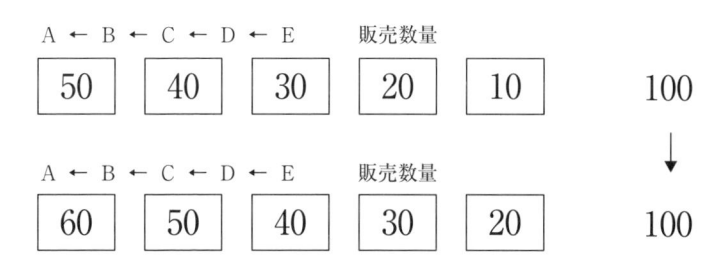

A ←	B ←	C ←	D ←	E	販売数量	
50	40	30	20	10		100

↓

A ←	B ←	C ←	D ←	E	販売数量	
60	50	40	30	20		100

上記の図式は下記のことを意味している。つまり、Dという生産物はEを原料とし、Cという生産物はDを原料とし、Cという生産物はDを原料とし、Bという生産物はCを原料とし、Aという生産物はBを原料としている。もし政府がEという原料を10から20で購入し、販売数量が100とすれば、企業の収益は上記のように変化する。

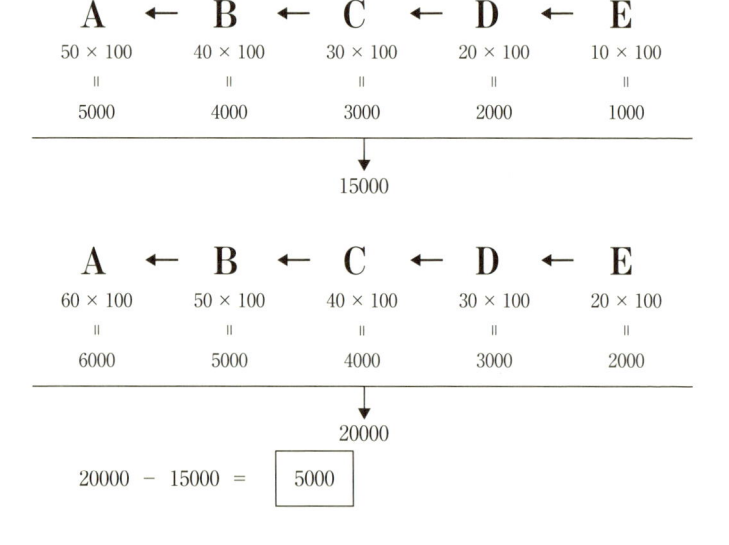

$$A \leftarrow B \leftarrow C \leftarrow D \leftarrow E$$

A	B	C	D	E
50 × 100	40 × 100	30 × 100	20 × 100	10 × 100
=	=	=	=	=
5000	4000	3000	2000	1000

↓

15000

$$A \leftarrow B \leftarrow C \leftarrow D \leftarrow E$$

A	B	C	D	E
60 × 100	50 × 100	40 × 100	30 × 100	20 × 100
=	=	=	=	=
6000	5000	4000	3000	2000

↓

20000

20000 − 15000 = 5000

つまり10の財政支出で5000の経済効果を生みだすことができる。上記の経済モデルは、経済が5つであるが、もし経済ネットワークが2つであれば、下記のように図式化できると考えられる。

つまり、同じ財政支出でも2000の経済効果しかないことに

なる。

```
  D  ←  E
┌────┐ ┌────┐         2000 ＋ 1000 ＝  3000
│ 20 │←│ 10 │
└────┘ └────┘

  D  ←  E           3000 ＋ 2000 ＝  5000
┌────┐ ┌────┐
│ 30 │←│ 20 │       5000 － 3000 ＝ ┌──────┐
└────┘ └────┘                      │ 2000 │
                                   └──────┘
```

ここで、貨幣単位を変更して、人々の貨幣購買力を向上させることで、販売数量を100から1000にすると仮定すれば、経済ネットワークが5つの場合、5000から50000へ増加させることができる。

しかし、現実において、セイの法則は存在せず、供給したものがすべて売れるとは限らないと考えられる。そのために、財の認知度を考慮する必要があると考えられる。もし、財の認知度が100％であれば、販売数量が1000の場合、そして経済ネットワークが5つの場合、10の財政支出で50000の経済効果を生みだすことができることになる。一方、もし財の認知度がゼロの場合、10の財政支出で、経済効果はゼロとなる。上記の直感的アイディアをモデル化すれば、下記のようになる。

$A = \alpha B \cdot C$

A＝経済効果

B＝経済ネットワークの数

C＝販売数量

D＝財政支出

α＝財の認知度、もし財の認知度が100%の場合、α＝1となり、財の認知度が0%の場合、α＝0となる。

C＝βE＋μD

E＝貨幣の購買力

（β、μは調整係数）

　新しい経済政策においては、価格の統制・経済ネットワークの数を増大させ、人々の貨幣購買力の増大、利益追求だけを求めない国営企業の設立および民間企業の国営化により、経済不況、デフレに対処しようとするものである。経済ネットワークを下記のように変化させることができる。

　ケインズ経済学では投資の量というものを重視しているが、新しい経済政策では、経済ネットワークを重視するものである。同様に、地域間のネットワークも重視し、各地域に私的利益の追求だけに基づかなく公益目的で活動する自治的な経営体が通貨や信用の計画的統制し、資金が金融市場の急激な変動を生み出す投機目的だけに利用されるのではなく、各地域の望ましい経済発展に利用されるように調整することを重視している。そのために、地方経済における金融政策の自由度を認め、江戸時代における藩札に相当するような地域券、地域通貨発行を政府が認め、国内通貨や外国通貨、あるいは金、銀等を準備金として、通貨発行による経済活性化を重視している。宮崎義一、伊東光晴は「海外投資が国内産業への需要の発注を導けば、雇用問題は悪化しない。しかし、今やこのようなことは一

般的でなくなった。先週、ロンドン市場で起債されたニューサウス・ウェールズの鉄道、市内電車、港湾、河川および橋梁、水道、灌漑、下水道工事、その他のための550万ポンドも大部分は現地に投資され、そこでの雇用増とイギリス以外の国からの輸入増となり、イギリスへの需要増とはならない。その結果、ポンドはその分だけ流出し、これを補うのに十分な輸出増加がないならば、ポンドの国際相場は下がらざるをえない。だが、このことは輸出に関係のない国内産業では輸入原材料の値段が高まり、労働者は輸入食糧の値段が高まることから生計費が上がり、実質賃金は逆に下がることになる。つまり、これらの人々の犠牲によって海外投資は行われているのであり、このことが国内経済の不況となっている。これに反して、もしこのような海外投資を国内投資に切り替えることができたならば、失業問題は解決するに違いない。そのためには自由放任の経済原則を捨て、貯蓄と投資を規制しなければならない」と述べている[8]。新しい経済政策においても、ケインズと同じように江戸時代における藩札発行による専売制のようなものを重視し、投機資金を国内投資へ移動させることを重視している。ケインズは公共投資の資金を公債発行に求めているが、ここでは、通貨発行に求めることができる、その通貨には政府債の要素も含み投機資金をその通貨の購入、取得させるために、安定性のある額面と利益配当を行うものである。通貨発行により投機資金をコントロールし、バブルの発生と崩壊を防ぐものとし、資本取引を禁止する法律の制定により投機を制御するものではな

い。新しい経済政策においては、各地域の生産力の向上を経済的目標とし、各地域の生産力の向上がその国の生産力、経済力の向上につながると考え、投資家と企業家の利害の一致を経済的目標としている。第一次世界大戦以前においては、イギリスが世界の工場として、世界経済の中心であり、イギリスは貿易赤字であったが、海外投資からの利子収入等が貿易外収入として貿易赤字を上回り、ポンドの安定に貢献した。イギリスからの海外投資は後進国の経済発展とイギリス国内の有効需要の増大、そして投資家の利益の増大につながった[9]。同様に、山田方谷が藩政改革に成功した備中松山藩においても、藩札発行が国産物の増大、備中松山藩の生産力の向上・有効需要の増大につながっている[10]。方谷が日本のケインズとも呼ばれる根拠を正当化しているように思われる。換言すれば、江戸への備中松山藩の産物を移出し、江戸の生産力を向上させ、備中松山藩の財政を黒字化し、その結果、備中松山藩の藩札の安定に貢献している。つまり、藩札の取得者である投資家の利益と江戸の経済発展と備中松山藩の有効需要の増大と失業者の減少につながっている。備中松山藩の藩札は、財の円滑な流通のための通貨的機能と国債・株式・為替レートのような投機的機能も持ち合わせていたと考えられる。そのため、新経済政策では、備中松山藩の藩札のような、財の円滑な流通のための通貨的機能と国債・株式・為替レートのような投機的機能も持ち合わせた新しい通貨発行とその通貨価値の安定というものが重要である。投資家にその通貨を購入させることで、株や為替レート等の資

産価格の変動を減少させようとするものである。

4. ソリトン型経済システムとしての可能性

　新古典派経済学においては、市場における価格の調整メカニズムが重視され、不況は究極的には、価格調整によって解決されるものである。一方、方谷経済学においては、国営企業による経済統制・価格統制による価格調整によって不況を解決しようとするものである。不況においては国営企業を設立し、民間企業から好況時の販売価格・物価下落率をプラスした値段で購入し続けることで、新古典派経済と共通する価格の調整メカニズムによって不況から経済を脱出させようというものである。換言すれば、価格や賃金の調整メカニズムがうまく機能するために、財政政策・財政支出により国営企業を設立するものである。国営企業は資金を融通し、民間企業に投資させ、生産した財を購入することを約束することで、民間企業に対して投資の不確実性を減少させることができるはずである。そのために、民間企業は財の生産のため、他の企業から生産のための財を購入することで、乗数効果が経済全体に機能することになる。国営企業の目的は失業者を積極的に雇用することであり、民間企業から購入した財を移（輸）出することで利益を生み出し、通貨発行の機能を有し、限界消費性向の高い失業者や貧しい人に対して、積極的に資金を無利子、返済期限を定めず融通するこ

とである。そのために、貧しい人に定期的に永続的に安定した所得が得られるという安心感を与えることで、消費を刺激し、有効需要不況を解決することになる。

　経済不況・財政赤字・金融危機が発生するのは、経済システム自体に問題があると考えるので、政府介入がなくても、自己回復力のある経済システムへと進化させることで、経済不況・財政赤字・金融危機を解決しようとするものである。

　備中松山藩の通貨システムにおいては、通貨量が正貨の準備量によって、機械的に決定され、経済的必要流通量が不足する傾向はなかったと考えられる。なぜなら、その不足分は、藩札の発行によって行われていたが、藩札発行が実需取引と結びついていたので、安易な通貨造出が原因であるインフレーションは発生しなかったと考えられる。つまり、方谷は、資本主義経済に内在する不安定性や不確実性という要因を安定性や確実性という要因に変えることで、外的ショックが起こっても政府介入を必要とせず、自動調整能力のある経済システムへと進化させている。また、金融危機が発生しても、その影響が、経済恐慌にまでならない経済システムの構築や制度を重視している。カオス理論に対抗するソリトン力学では、外的ショックが起こっても、波の形が崩れないことになる。その理由は、外的ショックが起こっても、集積効果や分散効果がバランスしているからである。金融危機が発生しても、その影響力が経済恐慌にまでならない経済システムの構築や制度を重視するものである。現在の資本主義経済システムは、カオス理論で説明でき

るかもしれない。金融危機や株価の下落という初期条件に対して、企業は人件費を抑制しようとしたり、人々は消費を減らそうとするので、ますます経済は悪化してしまい、経済恐慌へと突入していくことになる。現在の日本経済の悪化の原因は、金融危機や株価の下落自身にあるのではなく、人々の「株価の下落」と「経済のグローバル化」に対して持っている想定である。具体的に言えば、企業は「株価の下落」や「経済のグローバル化」に対して人件費をできるかぎり抑制しないといけないという強い想定や思い込みを持っていると考えられる。もしそうであれば、いくら政府が景気対策として金利を低下させ、減税し、財政支出を増加させても、景気は良くならないし、失業者の数は減少しないことになる。また人々が「経済不況」に対して消費を減少させなければならないという強い想定を持っていれば、景気対策の効果はますます弱まることになる。

　一方、「株価の下落」と「経済のグローバル化」に対して、企業は人件費をできるだけ増加させ、リストラを絶対したらいけないという想定があり、もしそうしなければ景気はますます悪くなり、最終的に企業の収益は悪化するという思い込みがあれば、景気対策の効果が強くなり、経済恐慌へと突入することはないであろう。世界的大恐慌の原因とは、人々の経済状況に対しての想定と行動であると考える。人々が「経済不況」に対して、消費を増加させないと景気はますます悪化してしまうという思い込みがあれば、景気対策の効果は強くなり、経済恐慌へと突入することはないと考えられる。備中松山藩の経済

システムは、カオス理論でなく、ソリトン力学で説明できるかもしれない[11]。もし株価が下落し、企業が人件費を減少させる政策を行っても、国営企業が雇用と賃金を増やせば、人々の貨幣購買力は減少しないので、経済不況から経済恐慌にまではならないことになるはずである。あるいは、もしすべての企業が国営企業であれば、利益追求だけを目的としていないので、金融危機や株価の下落に対して、人件費を減少させたりはしないはずである。何かのマイナスのショックがあっても、同時にそれに対抗するプラスのショックがあれば、大恐慌にまではならないことになる。方谷は備中松山藩の経済システムをカオス型の経済システムからソリトン型の経済システムへと進化させたので、藩政改革に成功したのだと考えられる。そのために、いかにして資本主義経済システムを集積効果と分散効果がバランスしたソリトン型経済システムへと進化させるのかということを問題とし、そのために、方谷の藩政改革と経済政策をヒントにして、その経済思想を明らかにして、現代のマクロ経済学と統合しようとするものである。

新古典派経済学では、市場における自動調整能力を重視し、政府介入に否定的であるが、ケインズ経済学では市場における自動調整能力を重視せず、政府介入に肯定的である。一方、市場に自動調整能力があるかどうか、政府介入が必要であるかどうかを問題とするのではなく、外的ショックに対して、いかにしたら政府介入がなくても、自動調整能力が働くようにするかということを問題とする。そのために、方谷経済学では、経済

システムを進化させる場合において、現在の状況だけでなく、その歴史的プロセスまでも考慮することの重要性を強調するものである。経済が不況に陥る場合、それ以前はどのような経済、政治状況であったかを問題とする。経済は例えば、4つの状態に分類することができると考えられる。

① 経済が好況、財が不足、社会的投資量が不足
② 経済が好況、財が豊富、社会的投資量が豊富
③ 経済が不況、財が不足、社会的投資量が不足
④ 経済が不況、財が豊富、社会的投資量が豊富

方谷経済学は、中国の易からヒントを得ているが、4×4＝16通りの歴史的プロセスが考えられるはずである。

例えば、③ → ① → ② → ④
　　　　① → ② → ③ → ④

という2つの歴史的プロセスが考えられると思われるが、もし現在が同じ経済状況であるとしても、そのための経済改革のやり方は歴史的プロセスによって異なるはずであるからである。方谷経済学では、経済政策において、現在の状況だけでなく、その歴史的プロセスまでも考慮することの重要性を強調している。

補論　国営企業設立の現代的意義
――専売制における買上価格と最適化――

　国産の専売は、各藩が財政収入を増加させる目的で国産の販売を独占した政策であり、商品経済上の利益を吸収しようとしたものであった。国産専売の対象となった商品として、塩・蠟などの生活必需品が中心であった。領内販売と領外移出を独占した藩もあれば、領外移出だけを独占し、生産者や商人に領内販売を認めた藩もあった。国産専売政策の目的は、正貨の獲得であり、参勤交代等の費用や借金の元利支払いのために正貨を必要とした。正貨の獲得を目的とした国産専売による領外移出独占が可能となったのは、各藩は独立した統治権を持っていたからだと考えられる。そのため、各藩は流通過程に介入し、領外移出独占により自由市場であった大阪や江戸へ商品を移出することができた。商品の生産者は農民であったが、彼らは市場についての知識を欠き、商才にも乏しく、市場で販売して利益を上げることは非常に難しかったので、各藩が農民から生産物を購入し、藩自らが領外移出により販売し、生産における前貸資金を生産物の買上げとして回収しようとした[11]。国産専売には、間接的購入独占と直接的購入独占の2通りの形式があった。姫路藩の木綿専売は間接的購入独占の代表的な例であり、財政赤字に悩む姫路藩を藩の家老であった河合寸翁が、木綿の領外移出独占により財政再建に成功している。直接的購入独占

第 2 章　ケインズ経済学、新古典派経済学の視点からみた山田方谷の藩政改革　*51*

の例として、仙台藩の専売政策があげられる。仙台藩は領内産塩の領内専売を行ったが、一定の価格で買上げ、金沢藩も塩の専売において、塩手米と称して飯米を塩師に貸与し、これに対して一定割合の塩を上納させ、領内に販売した[12]。

　徳川時代において、多くの藩では藩札を発行して、通貨の増加、財政赤字の救済を行った。藩札が信用され、円滑に流通していくために、有力商人に兌換業務を行わせ、硬貨の使用を禁止し、諸上納にも藩札を使用させた。藩札と正金銀を交換させることで、藩札発行所に正金銀を納めさせ、藩は領外支出に必要となる正金銀を吸収していった。藩士や領民に対して、藩札によって貸付を行い、貧しい領民の生産資金として藩札を発行した。領民は藩の直接保護干渉を必要としており、開拓費・肥料代・器具類購入費・生産期間中の生活維持費を藩札によって支払うことができた。藩は専売商品を購入する際にも、藩札を利用した。国産専売と藩札とは相補的な関係があり、姫路藩は、木綿の領外移出を独占し、従来問屋によって大阪に送られていたものを江戸へ直送し、藩は藩札によって木綿を購入し、正金銀によって藩債を償却した。つまり、国産専売は、藩札の発行によって行われ、藩札は国産専売によって、つまり、木綿の販売により、その信用を維持することができたので、藩札と国産専売という 2 つの要因によって、財政再建と産業の育成に成功することになった[13]。

　もし、専売商品の買上価格が藩の領民に対して、強制されるのであれば、藩は領民から多額の利益を得ることができたはず

である。国産専売により藩が財政収入を得ることができれば、領民に対して苛酷な増税を行う必要がなく、藩と領民共に利益があるはずである。重要なことは、国産専売において、領民からの買上価格をいかに設定するかということであった。もし、物価が上昇していても、領民からの買上価格を低く設定し続ければ、領民の利益を減少させてしまうことになる。一方、買上価格を高く設定してしまえば、領民の利益を上げることはできるが、そのため、藩の財政収入は減少してしまうことになる。国産専売は生産者が自ら販売に従事するのではなく、藩が生産者に代わって生産物を販売するので、販売における不確実性がなくなり、生産額も販売額も増大し、藩と領民共に利益を得ることになるはずである。しかしながら、物価に対して買上価格を低く設定すれば、領民を苦しめ、藩札を濫発して貨幣の購買力を減少させ、生産力を減少させ、その結果、藩札の利益は減少し、結果として百姓一揆を起こさせることになる。もし、買米制度において、米の売買を藩の専売ではなく、商人に委ねれば、米価が上昇し、商人・農民にも利があり、藩の財政収入は増加することになる。藩の産物を専売ではなく、つまり統制経済でなく市場経済に委ね、商人の自由売買によって販売すれば、国産の買上を低く設定して、藩の財政収入を増加させることのみを目的とした国産専売よりも、藩の財政収入は究極的には増加する。各藩は貨幣の発行権を有していなかったが、幕府の許可により、領内限り通用の藩札を発行することができ、土地経済と貨幣経済の矛盾が原因となっている財政赤字の解決策

として、専売制を実施した。国産専売はある条件においては、藩札発行による資金の融通、販売の拡大を行い、生産者を豊かにし、地域経済を発達させることができるが、別の条件において生産者を苦しめ、百姓一揆勃発の原因となる可能性があると言える。姫路藩、園部藩、亀岡藩、和歌山藩、宇和島藩による国産専売により、販路が拡張し、生産額も増加し、大阪・江戸の大消費地から各地方へ産物が分散し、国産専売は地方経済の全国経済化を促進し、地方都市と大都市を共に経済発展させたと考えられる[14]。

国産専売においては、買上価格というものが存在しており、そのために、財政再建と領民を富ますということに関して、トレード・オフの関係が存在したということである。方谷は藩政改革において、どのように買上価格を変化させていったのかを考察することは重要であると考えられる。徳川幕藩体制の経済的矛盾とは、領主と農民との対立であり、農民が生産した生産物を貢租として領主が収奪するシステムであった[15]。そのために、生産物に対して領主と農民における分配率を変化させることで百姓一揆を起こさせることを防止することができたと考えられる。

国産増殖に関する山田方谷の意見書によれば、下記のように述べられている。

　　國産の儀は國を富すの一術にて古來より明君方も力を盡され候
　　事尚又収納少き國々殊に近來の通臨時入用段々有之候時節は別て盛

りに致度事に候へ共目論見候根元よりの心得方にて善悪色々に有之
候間左に荒増書出申候事
一　城下領分内の者共職業を盛に致人別相増他國より金子取り入下
　　方潤澤に相成候様のために致候事
　　　右は下方撫育のためのみに始め候事にて第一番の美政にて金澤
　　米澤等の明君方御企被成候仕方も被存候犬下方潤澤に相成候へは
　　自然上のために相成上下共富饒に相成可申事
一　上の益のため企候へ共致方宜敷下方の痛に相成不申様に取斗候
　　事
　　　右は上の利益のみ致候事故鄙吝の所作にて町人の業に候事に候
　　へ共下方の痛にさへ成り不申勝手取直し候へは自然下方も潤ひ可申
　　是は近來の雲州薩州又は伊豫大州等の産物の仕方と被存候
　　　御在所にても近來銕銑御買入れにて相迴候は是又當り可申事
一　上の利益のみ考候は下方の痛みと相成候儀を致候事
　　　右の致方國々に多分有之他賣を止め〆賣に引上ケ又は町人に任
　　せ運上等を取候仕方に候事
一　銀札遣出しのために始候事
　　　右は損失に不拘全く一時の融通を心掛け候のみにて始候事にて
　　仕損候へは銀札潰れに及領分内の者共大損失と相成一同難澁に及ひ
　　可申事
一　勝手差支江戸大坂借用等の手立無之に付無據産物を始め候名目
　　にて仕入元と稱し借り出しのために致候事
　　　右は悪意は無之候へ共無據差支より起り候事にて極々操り廻し
　　出來不申時は終に金主を倒し候様相成候事此仕方國々に多分有之候
　　事御改革前生産用と唱へ紙をすき立大坂にて百貫目御借り入に相成
　　候て其金は過半御勝手へ取込終に大坂を倒し候事此仕方
一　始より金主を倒し候巧にて産物等始め大金借出し候事
　　　是は一器量有の役人にて多く取巧み申候事にて一旦上のために
　　相成候様に候へ共正路に無之故極意不融通の本に相成不為と相成候

事
　一　役人私欲のため上の益に相成様申成し相始め極意は引負いたし
　　　又は町人と馴れ台利益を掠め取候事

　上記の史料だけから判断すれば、方谷は藩の利益だけでなく、領民の利益も考慮して、姫路藩や加納藩と同様、専売商品の買上げにおいて、生産者に対して直接に独占価格を強制せずに、生産者の利益も考えた政策を行った。一方、国産専売において、買上げ価格は藩が決定し、市場経済における需要と供給によっては決定されないことになる。もし方谷の藩政改革の成功の理由が、専売商品の買上げ価格であったとすれば、ここに経済不況や財政赤字の解決のヒントが存在している。つまり、ある状況においては、市場経済や自由主義経済よりも統制経済や中央計画経済のほうが、あるいは市場経済や自由主義経済と統制経済や中央計画経済を統合した経済システムの効果があることである。そのために、財政再建と領民を富ますということに関してのトレード・オフの関係を最適化という視点から分析していくことは意義のあることである。

　司馬遷、史記列伝（第六十九貨殖列伝）において、次の記述がある[17]。

　　老子はいう「理想的な世界とは、隣りあった小国がおたがいに
　　望見できるほどの近くにあって、鶏や犬の声までおたがいにきこ
　　え、民衆はそれぞれ自分の国にできる食べ物をうまいと思い、自
　　分の国でつくられる着物はいいものだとしてそれぞれの風俗に満
　　足し、自分たちの仕事を喜んで、そうして死ぬまでおたがいに隣

国と行き来しない——こういう世界なのだ。」(「老子」第八十章)
と、しかし、このような状態をぜひとも実現しようとして今の人々をひっぱって、人民の耳と目とにふたをしようとしても、ほとんど不可能なことなのだ。太史公は思う。かの神農よりまえのことはわからないが「詩経」「書経」のような古書に記されているかぎりでは、舜や禹より以来、人間は甘い声やうっとりする姿で自分の耳と目をあくまで楽しませようとし、牛肉や豚肉などのご馳走にたらふく舌つづみを打ちたがるものだ。その身は、のんきに楽しく暮らしたいと思い、その心は、はなやかな権勢と才能を誇りたいと願っている。これが長いあいだに人民にいきわたった自然の傾向なのだ。老子先生の妙論など一軒一軒に説いてまわっても、とうてい同調を得られるものではない。だから、いちばんよいことは、民象の傾向のままに従うこと、その次によいことは、利益を餌にして民象を方向づけること。それができなければ説教すること。さらに、下策は統制経済。いちばんいけないのは、民衆と経済的にはりあうことだ。

(中略)

　もちろん、食糧は農民によって木材はきこりによって供給される。工人はこれを細工し、商人はこれを流通させる。それはけっして役所の指導、徴発、期限つき命令などによってささえられているものではない。人々がそれぞれ自己の能力に従い自分の力量をかたむけて望むものをうるのである。もとより、物価が安いということは、やがては高くなるきざしであり、物価が高いのは、やがて安くなるというきざしである。人々は、それぞれ業務にはげみ、仕事を楽しむこと、あたかも水の低きに流れるごとく、日夜やすむことなく経済は動いていく。商品はおのずから流通し、民衆は強制をまたずして物資をつくりだす。これこそ道理に合った当然なりゆきではないか。

　「周書」にいう「農民が生産しなければ、食糧は不足する工人が

第2章　ケインズ経済学、新古典派経済学の視点からみた山田方谷の藩政改革　57

製作しなければ、製品が不足する。商人が販売しなければ必需品はなくなる。きこりが伐採しなければ資材は欠乏する。資材が欠乏すれば山林湖沼は開拓されない。」と、この農民・工人・きこり・商人の四者は、人民の衣と食のもとである。もとが大きければゆたかになり、もとが小さければ欠乏する。あるいは国を富ませ、あるいは家を富ませるこの貧富というものは、ほかからみだりに左右できるものではなくて、うまくやる人に余剰ができ、へたな人はこと欠くのだ。

　（中略）

　だいたい穀物の売り値が一斗二十銭にまで値さがりすれば、農民が窮迫し、一斗九十銭にもあがれば商人がやっていけない。商人が困れば物資は流通せず、農民が窮迫すれば田畑は荒れます。穀価はあがっても八十銭こえず、さがっても三十銭以下にならなければ、農民も商人もともに利益を受けるでしょう。穀物の販売価格に水準を保たせ、商品の分配を公平にして、関所の通過税も市場の利用税もゆたかにあがるようにするのが、国を治める正しいやりかたであります。蓄積の原則は、できるだけ品物を完全な状態に保ち、いたんだ物をもっていてはなりません。こうして売買する場合に、腐ったり虫が食ったりしやすいものは手もとにとどめないこと。また、高価なものをためないことです。物資の過不足を考えれば、物価のあがりさがりはわかります。値あがりがきわまれば下落にむかい、値さがりの極にはまたあがります。高値のときは汚物をだすように売りだし、低値のときは珠玉をとるように買いいれることです。商品と貨幣とを、流れる水のように動かすべきであります。」この方法をとること十年にして越の国は裕福になり、戦士に手厚く支給することができた。

　このように、専売制においても販売価格を調整することで、すべての領民を富ますことができるということである。方谷の

経済思想とは専売制という統制型経済システムの中において買上価格を調整することで市場経済の経済的効果を最大限にはっきすることであった。

注
1) J・M・ケインズ『雇用、利子および貨幣の一般理論』p.381.
2) 同上 p.381.
3) 同上 p.316.
4) 同上 p.317.
5) 同上 ppXXVii-XXViii.
6) 小野善康『不況の経済学　甦るケインズ』日本経済新聞社　p.87.
7) 易の陰陽理論については、安岡正篤『易学入門』参照。
8) 宮崎義一・伊東光晴編『ケインズ．ハロッド』中央公論社　1998　p.47 参照
9) 同上
10) 鹿野嘉昭教授は地域的な通貨不足の解消手段としての藩札発行について下記のように述べている。

「国内経済の成長・発展とともに貨幣に対する需要はさらに高まっていった。そうしたなかで17世紀後半になると通貨不足が深刻な経済問題として浮上してきた。この17世紀後半の日本において発生した通貨不足は大名領国でとくに深刻な経済問題として受け止められた。通貨需給のアンバランスを平準化するための手段として徳川幕府により容認されたのが、領国大名政府による藩札発行であった。」

田谷教授や作道教授による所論では「領国大名政府の財政窮乏を賄うために発行された紙幣というかたちで藩札発行の財源的側面が強調されている。しかしマクロ経済的な観点からすると、地域的な通貨不足の解消手段として藩札の発行が始まったということができる。また領国大名政府からみた場合、藩札の発行はきわめて好都合な総需要管理手段で

あった。藩札発行高に対する幕府貨幣の準備率を変更するだけで領国経済や藩財政の変化に柔軟に対応することが可能になったからである。しかし財政規律が一旦後退すると歯止めをかけるのが困難となる。それゆえに、過剰発行となった領国においては藩札に対する信認が動揺し札騒動が発生したのである。藩札を現代的な観点から解釈するとそれは通貨の円滑な供給および地域の活性化を目的として地方政府により発行された地域通貨であるといえよう。」

この場合、地域通貨とは地方政府や地方の団体が発行した特定の地域においてのみ流通する貨幣のことをいう。

(鹿野嘉昭『藩札の経済学』東洋経済新報社　2011　pp128-130)
11)　粒子のような相互作用を示す孤立波をソリトンと呼ぶ、2個のソリトンが追いかけっこをし、衝突後に元の形と速度に戻ることが知られている（数理科学No.557、November 2009）。ソリトン力学については、戸田盛和『非線形波動とソリトン』日本評論社、戸田盛和『ソリトンと物理学』サイエンス社参照のこと。
12)　堀江保蔵『我國近世の専売制度』臨川書店
　　堀江保蔵『国産奨励と国産専売』塙選書
13)　同上
14)　同上
15)　同上
16)　國分胤之編『魚水実録』明治44年高梁藩親睦会　1911　pp.102-104.
17)　司馬遷『史記列伝　第六十九　貨殖列伝』中央公論社　pp.508-512.

第2部

山田方谷の藩札刷新政策の経済モデル

第1章
山田方谷の藩札刷新政策とその経済学的意義

　山田方谷の藩札刷新政策を深く理解しようとすれば、領民の藩札の将来の価値についての予想と方谷の経済政策についての関係について分析する必要がある。方谷は、経済政策の目標である藩札の信用回復、物価の安定のために、領民の予想を方谷の望ましいと判断する方向に変えることに成功している。

　現代の国際金融論の分野においても、中央銀行が将来どのような政策スタンスを採るかについて市場にメッセージを伝え、市場がそのメッセージを信用し、中央銀行が為替レートをうまくコントロールした例が存在する[1]。外為介入のシグナル効果と呼ばれるものにおいて、中央銀行の外為介入が市場参加者の為替レートの予想に影響を及ぼすというものである。つまり、外国為替市場においてシグナル効果がうまく働けば、中央銀行は少ない外為介入額で、為替レートの動きをコントロールできるということである。

渡辺努は「政策当局が将来の政策についてのプログラムをアナウンスするとき、この政策の実現可能性について民間部門が懐疑的であれば、政策の有効性は限定されたものにならざるを得ない。例えば、ハイパーインフレに苦しむ国の中央銀行がディスインフレ政策を採ろうとする場合、民間部門が当初から計画の実現可能性を疑ってかかっているとすれば、予想インフレ率は下がらず、名目賃金も上昇を続けるであろう。こうした状況で中央銀行が闇雲に名目通貨供給量を絞り込もうとすれば、生産は急減し、失業率は当初見込みを上回る上昇を示すことになろう。一方、これとは逆に、民間部門がディスインフレ計画の実現可能性を高く評価する場合には計画の当初から予想インフレ率、名目賃金上昇率が低下するため、名目通貨供給量の伸び率を低下させても雇用面の負担は比較的軽く済むであろう」と述べている[2]。

　換言すれば、政策の有効性を決定づけるのは政策アナウンスに対する民間部門の評価であり、市場の信認（credibility）が重要であるということである。中谷巌にも次のような同様の指摘がある。

　　予見された政策にあわせて人々が行動し、市場も均衡するのであれば、例えば、中央銀行がマネーサプライを減少させるという決意を公表しさえすれば、（人々がそれを信じるかぎりにおいて）価格付けや賃金決定は市場をクリアするように（長期均衡と一致するように）低く設定されるはずである。その結果、インフレーションは即座に鎮静化されることになるでしょう。この意味で人々が政策

当局の決意を信じてそれに合わせて自らの行動を変えるなら裁量的政策のインフレ鎮静効果は絶大というべきでしょう。それは政府は望ましいと思われるインフレ率を達成するために、その意図を明確に宣言し、それを予定通り実行しさえすればよいからです。しかし政策当局はつねに自ら宣言した政策をまじめに実行せず、人々を裏切るインセンティブをもつかもしれません。例えば、大学の授業で「来週重要な試験をする」と私が発表したとします。私の意図は怠惰になりがちな学生諸君になんとか勉強させたいということであったとしましょう。学生諸君はたいへんとばかり懸命に勉強するでしょう。しかし、その週になると私は試験をしたくない、あるいは試験をする必要はないと思いなおすかもしれません。なぜなら、もし学生諸君が試験に備えてすでに十分に勉強をしたのであれば、「学生に勉強をさせたい」という私の本来の目的はすでに達せられているわけで、あらためて試験問題を作ったり、採点の労をとる必要はないからです。そして結局、試験をしないということにしたとしましょう。しかし、私がいつもこの手を使って学生に勉強させることはできるでしょうか。明らかに答えは「ノー」です。学生は「中谷教授はアナウンスだけで、実際には試験をしない」という期待形成をするようになり、2回目以降は私の宣言を信じなくなり、所期の目的は達せられなくなります。こんなことになるくらいなら、私個人の裁量では決められないルールを大学が決めておいたほうがよいことになるでしょう[3]。

　もし、時間が変化するにつれて、政策担当者が最適であると考えられる経済政策が変化してしまい、最初の公約を裏切る可能性があると考えられる「動学的不整合性」と呼ばれるこの問題に対して、もし人々が政府の公約を信じなくなれば、信認がないので、政策アナウンスを実行できなくなるという可能性が

高くなる。しかしながら、方谷に注目すべきことは、その経済政策において、最初の公約を裏切っているのに、人々の信認を得て政策アナウンスを実行しているということである。具体的に言えば、信用のなくなった旧藩札を焼き、準備金と藩札の発行量を一定の比率に維持するというアナウンスをしているが、実際には準備金に対して多量の藩札を発行している。しかし藩札の信用を回復し、藩札の価値を下落させずに、藩札の発行量・流通量を増大させ、藩札の不信による物価上昇を防ぎ、生産力の増大、経済の活性化に成功している。備中松山藩の藩札が領民によって信用されてしまえば、藩の財政赤字を補うために多量の藩札を発行し、殖産興業を推進していくためにさらなる多量の藩札を発行しても、藩札の値段は下落しないことになる。藩札の値段が下落しないので、藩の政策目標の達成のために、多量の藩札を発行できたわけである。このように、方谷は「余は我藩財政につき、過半の力を藩札の運用に用いた」ようである[4]。方谷の経済政策の本質とは、通貨価値を下落させずに通貨供給量を増大し物価を安定させ、経済を活性化させるということであると考えられる。

今までの経済学の常識に基づいて考えれば、政府がいたずらにケインズ主義的財政政策を行えば、財政規模の拡大を引き起こし、その結果、インフレを引き起こす傾向がある。財政規模拡大のためには、国債発行の増大を招き、市場で国債の値段が下がり、国債金利が上昇し、財政規模の拡大に歯止めがかかることになる。また政府が中央銀行に国債を引き受けさせて通貨

の発行量を増大させれば、通貨価値が下落し、インフレが発生することになる。その結果として、国債の暴落と通貨の下落のために、国の経済と財政は危機に直面することになる。

徳川時代にも多くの藩が財政赤字の不足分を補うため、藩札を多量に発行したが、その結果、藩札の信用を下落させ、ますます財政赤字が増大していったという事実がある。一方、たとえ財政赤字の不足分を補うため、藩札を多量に発行したとしても、その結果、藩札の信用が低下しないならば、財政赤字から財政黒字になる。

方谷は、信用のなくなった藩札を焼き、永銭という新しい藩札を発行することで、備中松山藩の藩札の発行量は正貨での準備金に対してそれほど多くないと領民に思い込ませることで、藩札の値段の低下を防いでいたのである。もし方谷が信用のなくなった藩札を焼かないで、永銭という新しい藩札を発行していたら、領民は正貨での準備金に対して藩札の発行量は多量であるので、領民は新しい藩札に対して不信感を持ったかもしれない[5]。方谷は、殖産興業の成功により利益を上げ、財政を再建するために、藩札の信用を回復し、藩札を発行し続けていったのである。

このあたりの池上惇の指摘は大変わかりやすいので紹介しよう。

> 政府が全面的な国家破産を回避しようとするとき、資金調達政策の一つに紙幣の増発がある。租税を国民から徴収することが不可能

第1章　山田方谷の藩札刷新政策とその経済学的意義　67

な状況にあるとき、政府が紙幣を増発して、租税の代わりに収入を確保する方法は国民に最も評判の悪い政策であり、施政者にとっては最も簡単に資金を手に入れる方法であった。封建社会における金貨や銀貨の改鋳は貴金属に銅などの混合物を入れて、同じ金1両と称していても実際には金0.5両しかない貨幣を作りだしたのであるから、従来は1両で購入しえたタンスが2両でなければ購入しえなくなるのは当然であった。つまり改鋳と称して、実際には通貨価値の切り下げを強行し物価を引上げる政策を採用していたのである。この単純な原理は現代の国家破産回避政策のうちにも継承されている。今日では政府は直接的に通貨を発行することは稀で、占領地における軍の発行する軍票と呼ばれる紙幣など限られた例しかない。しかし政府に代わって中央銀行が健全な信用の創造ではなくて、租税のかわりに紙幣を増発することも決して珍しくない。戦争中などには赤字公債の発行が中央銀行引受けによって行われ、中央銀行は金準備なしに大量の紙幣を増発して貨幣の価値を下落させる。金との交換が中央銀行によって、保障されていない紙幣は、強制的に通用するよう法律で義務づけてあるから一応は流通するが、将来の購買力が安定している保障は全くない。そこで国民は将来の赤字公債の発行の予測や銀行券増発の予測によって貨幣の価値を判断せざるをえなくなる。したがって金本位制が停止されて紙幣の兌換が停止されている状態の下でも、①財政赤字の増加が行政改革や税制改革の結果として抑制され、②紙幣が現実的な富をつくりだす部門に投下されて利潤をえて回収されるために紙幣の回転速度が速くて、追加的な紙幣の増発の可能性が少ないときには、インフレーションのテンポはゆるやかである[6]。

つまりさらなる藩札が発行されたとしても、商品の需要に支えられていれば、インフレというものは発生せず、貧しい領民の生活に打撃を与えることはないということである。方谷は

備中松山藩の財政再建の政策として撫育方を設立し、殖産興業を推進している。撫育方を通じて永銭と呼ばれる新しい藩札を領民に貸付けて殖産興業を奨励し、農具、稲扱、釘、煙草、柚餅子などの生産物は撫育方に納付させて、江戸で販売し利益を上げ、利益の一部を永銭の兌換準備金に充てている。そのため、備中松山藩においては、紙幣の流通速度が速く、紙幣価値や物価は安定していたであろう。もし方谷が新しい藩札を現実的な富を生み出す部門に投下せず利益を生み出していない場合、問題が発生していたと考えられる。方谷は生産物の流通のために、道路や河川の改修を行い産業基盤を整え、多種多様な生産物を創り出すことに成功している。そのため、備中松山藩において、品不足は起らず、供給は不足しないので物価の上昇は抑制された。

　方谷が藩財政を担当するより以前においては、財政赤字がますます大きくなるので、ますます大規模に藩札が増発され、供給不足のためますます物価は上昇していた。一方、方谷は鉄工場の設立、流通網の整備など公共施設の生産に、増加された藩札を集中的に投入し、現実の生産拡大に対応できる貨幣供給体制を確立することで物価上昇が起らず、貧しい領民の生活に打撃を与えることはなかった。方谷がもし旧藩札を焼却すれば、藩札の信用回復にはつながったが、通貨不足を引き起こし、殖産興業の発展を防げたので、永銭という新しい藩札を発行するという手段を選んだ可能性があるが、方谷には５つの選択があった。

第 1 章　山田方谷の藩札刷新政策とその経済学的意義　69

　ケース①旧藩札を焼き、新藩札を発行しない。

　ケース②旧藩札を焼き、焼いた旧藩札と同じ量だけの新藩札を発行する。

　ケース③旧藩札を焼き、焼いた旧藩札以上の量の新藩札を発行する。

　ケース④旧藩札を焼かない。

　ケース⑤旧藩札を焼かず、新藩札を発行。

ケース①の場合

　通貨量不足となり、商品取引に支障をきたし、デフレ現象が発生する。

ケース②の場合

　通貨量自体は変化しないので、殖産興業のさらなる発展につながらない。

ケース③の場合

　通貨量は増大し、殖産興業のさらなる発展につながる。

ケース④の場合

　藩札の信用はますます低下し、商品取引に支障をきたす。

　方谷はこの中で、ケース③つまり旧藩札を焼いたが、旧藩札以上の量の新藩札を発行することを選んだ。

　方谷が発行した永銭の額面は、従来の藩札の額面よりも 10 倍、20 倍の額である[7]。永銭の額面が大きいということに対して、領民は藩が充分な正貨での準備金があると思い込んでし

まったのかもしれない。そのため、実際には、備中松山藩が充分な正貨での準備金を保有していなかったとしても、領民は藩が充分な準備金を持っていると思い込み、新しい藩札を信用してしまったのであろう。藩札の発行量に対しての準備金の額において、領民と藩との間で情報の非対称というものが存在し、もし領民が合理的期待というものを有していれば、新しい永銭は信用されなかったはずである。方谷は領民の期待を合理的なものから非合理なものに変えることで、藩札刷新政策という自由裁量政策を成功させている。

注
1) 渡辺努『市場の予想と経済政策の有効性 国債金融政策のゲーム論的分析』東洋経済新報社 1994
2) 同上 p.15.
3) 中谷巌『入門マクロ経済学 第3版』日本評論社 1995 pp409-410.
4) 朝森要『幕末史の研究、備中松山藩』岩田書院 2004
5) 作道洋太郎は筑後久留米藩の藩札発行に関して「藩札の焼却は通貨量の減少という幻影を与えることによって、一般民間における藩札への信用を取り戻そうとすることにあった。この対策もそれほど効果をあげることはできないで藩札流通の停滞状態から抜け出ることはむずかしい状況であった」と述べている(藤野保編『九州と生産、流通』国書刊行会 1960 p.287.)。
6) 池上惇『財政学—現代財政システムの総合的解明』岩波書店 1991 p.259.
7) 鳥越一男「第一章山田方谷と地方自治一藩財政の改革をめぐって」坂本忠次編著『地域史における自治と分権』大学教育出版 1999

第2章
備中松山藩における正貨と藩札の経済モデル

　藩札の価値変動は少なからず、藩の生産性や所得に影響を及ぼすはずである。藩札の価値を安定させ続けさすためには、藩札の発行量は正貨の量に比例しなければならないことになる。なぜなら、藩札とは藩の領民に対しての負債であり、正貨が藩札の担保となっているからである。ここで金貨や銀貨などの正貨が担保となり、藩が信用限度額いっぱいまで藩札を発行している経済を考えてみることにする。藩札の信用限度額とは、これ以上藩が藩札を発行すると、藩札の価値が下がってしまう状態を意味することである。もし藩が信用限度額を超えて藩札を発行すれば、藩札の価値は下がってしまうことになる。藩札の値段が下がると、領民は、消費支出や投資支出を減らすことになる。そうすれば、生産性や所得にマイナスの影響を及ぼすことになる。その結果として、藩の税収が減り、藩の正貨での準備金も減少するので、藩札の担保となっている正貨の額が

減少するので、ますます藩札の価値は下がることになる。例えば、地価の変動によって土地担保の価値は大きく変動してしまうので、銀行の貸出量は大きく変化してしまうことになる。もし地価が上昇すれば、土地の担保価値は高まり、銀行の貸出量は高まることになる。しかしながら、地価の下落は、土地の担保価値を低下させ、その結果、銀行の貸出量は低下することになる。銀行の貸出量は、土地の担保価値に依存しているのと同様に、藩札の発行量も正貨の額に依存する。もし藩札の正貨額が上昇すれば、藩札の担保価値が上昇し、藩札の値段も上昇する。

　一方、藩札の正貨の額が減少すれば、藩札の担保価値が減少し、藩札の値段も減少する。直感的に考えれば、藩が財政赤字になれば、藩の藩札兌換準備金の正貨の額が減少してしまう。その場合において、藩が財政赤字の不足分を補うために、信用限度額を超えて藩札を多量に発行すれば、一時的には藩は財政黒字になるが、藩札の価値は減少し、その結果、不況になり、藩の財政はますます悪化する。清滝とムーアは信用と資産価格、生産量の間の相互作用について「もし企業が借り入れを制約された場合、投資支出が減少し、土地に対する需要が減少し、その結果として地価の下落が企業の担保価値が減少することになる。一つの企業の投資量・生産量・信用額・地価の下落が、他の企業の担保価値・信用限度額を減少させ、投資量・生産量を減少させる。その結果として、経済全体で投資量・生産量が減少し、経済不況が発生する」と述べている[1]。備中松山

藩においても、信用と資産価格・生産量の間の相互作用というものが存在していた可能性がある。具体的に言えば、被食者と捕食者からなる生態系システムのような関係が存在していた。例えば、カエルを捕食するヘビの数が増加すると、ヘビはカエルを食べるので、ある時点でカエルの数が減り始める。しかし、カエルの数が減少すると被食者の数が減少するので、捕食者であるヘビも減少してしまうという循環的な関係が存在するというものである[2]。循環的な関係が起るのは、被食者と捕食者が相互作用しているからである。もし外生的な要因のために、藩が臨時的支出を余儀なくされた場合、藩は財政赤字になり、正貨の準備金は減少してしまう。財政赤字のために、藩札が多量に発行されるならば、藩札の値段が下がり、不況になり、ますます財政赤字になるというものである。一方、藩が財政赤字の場合、藩札の発行という手段でなく、藩が殖産興業によって得た利益を正貨の準備金として積み上げれば、領民の藩に対しての信用も回復し、藩札の値段も上昇する。そうすれば、経済が活性化し、その結果、藩の財政は黒字になる。しかし藩が黒字になったので収入以外の支出を行えば、赤字になってしまう。

上記の直観的な説明を数学モデルにすれば、下記のようになる。

$bt \leq \theta_1 kt$

bt はある時点における藩札の発行量を表す。

θ_1 はある時点における調整係数を表す。

kt はある時点における正貨の準備金を表す。

上記の数式は藩札の発行量が現時点で担保となる正貨の準備金の価値を超えないことを意味する。つまり、もし藩札の発行量が bt を超えると藩札の値段が減少してしまうことを意味している。図式化すると下記のようになる。

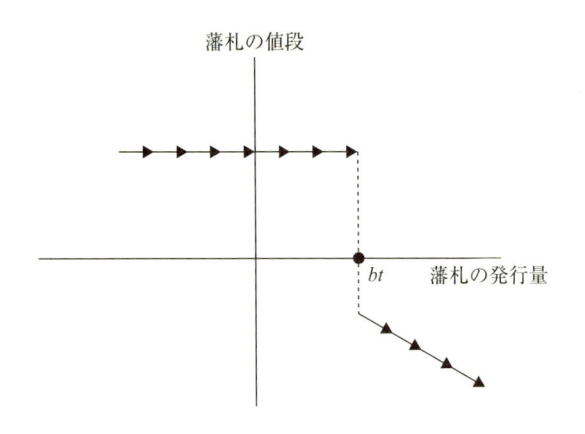

ここで正貨と藩札の関係について、循環的なケースと相補的なケースを考えてみることにする。

循環的なケース①

　　藩の財政黒字 → 藩札の準備金の増大 → 藩札の流通量の増大 → 藩札の価値の低下 → 藩札の流通量の減少 → 生産量の減少 → 藩札の準備金の減少 → 藩の財政赤字 → 藩札の発行量の増大 → 藩札の価値の低下

　　…さらなる藩の財政赤字

第2章 備中松山藩における正貨と藩札の経済モデル

相補的なケース②

藩の財政赤字 → 支出の減少 → 赤字の縮小 → 藩の殖産興業 → 藩の準備金の増大 → 藩札の信用回復 → 藩札の価値の上昇 → 藩札の流通量の増大 → 生産量の増大 → 藩の財政黒字 → 藩の準備金の増大

…さらなる藩の財政黒字

正貨と藩札をそれぞれ x、y とする

$$\frac{dx}{dt} = f(x, y)$$

$$\frac{dy}{dt} = g(x, y)$$

$$\frac{dx}{dt} = \alpha x + \beta xy$$

$$\frac{dy}{dt} = ry + \delta xy$$

上記の数式において

正貨は $\frac{dx}{dt} = \alpha x$ に従って無制限に増加し、藩札は $\frac{dy}{dt} = ry$ に従って無制限に増加していくと仮定する。

もし、α, β, r, δ を正の定数とすれば、上記の方程式が意味しているのは、藩の正貨の増大 → 藩札の価値の上昇

…さらなる藩の財政黒字

しかしながら、もし $\alpha > 0$、$\beta > 0$、$r > 0$、$\delta > 0$ から $\alpha > 0$、$\beta > 0$、$r < 0$、$\delta < 0$
となれば、

$$\frac{dx}{dt} = \alpha x - \beta xy$$

$$\frac{dx}{dt} = ry - \delta xy$$

つまり、正貨の藩札がプラスの相互作用からマイナスの相互作用に変化すれば、藩の財政赤字 → 藩の準備金の減少 → 藩札の発行量の増大 → 藩札の価値の低下…さらなる藩の財政赤字。

つまり、上記の数学モデルが意味しているのは、藩の財政赤字において、藩が藩札というものをうまく利用すれば藩の財政を赤字から黒字にすることができるが、藩札の利用を誤ると藩の財政をますます赤字にさせてしまうということである。

方谷は、備中松山藩の経済において、藩札と正貨の関係を循環的な関係から相補的な関係に変化させることで、藩の財政を赤字から黒字へ変化させることに成功している。

ケース①藩札と正貨の相互作用

$$\frac{dx}{dt} = \alpha x - \beta xy$$

$$\frac{dy}{dt} = ry + \delta xy$$

$\alpha, \beta, r, \delta > 0$

正貨 (x) と藩札 (y)

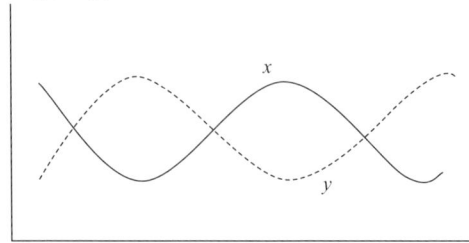

藩札と正貨の時間的な変化

ケース②藩札と正貨の循環的関係

$$\frac{dx}{dt} = \alpha x - \beta xy$$

$$\frac{dy}{dt} = ry - \delta xy$$

正貨（x）と藩札（y）

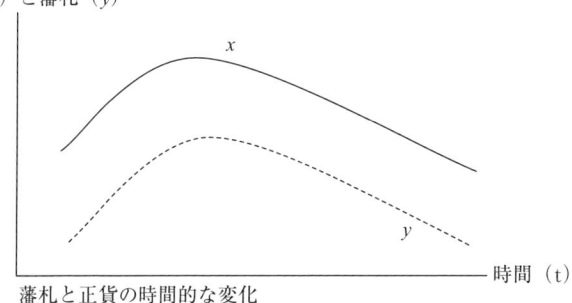

藩札と正貨の時間的な変化

ケース③藩札と正貨の相補的関係

$$\frac{dx}{dt} = \alpha x + \beta xy$$

$$\frac{dy}{dt} = ry + \delta xy$$

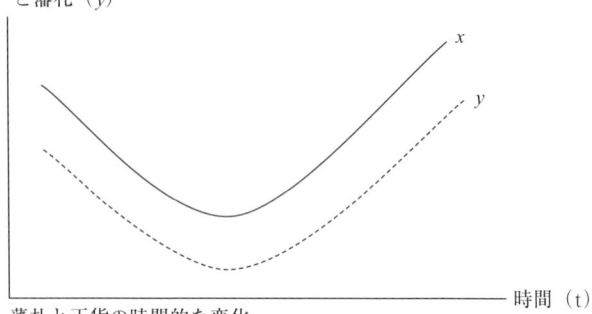

78　第2部　山田方谷の藩札刷新政策の経済モデル

正貨（x）と藩札（y）

藩札と正貨の時間的な変化　　　　　　　　　　時間（t）

　方谷は藩札と正貨の関係を循環的なものから相補的なものに変化させるために、藩が殖産興業により利益を上げて正貨の準備金を増大させるという政策をプラスしている。上記のモデルを修正すると下記のようになる。

$$\frac{dx}{dt} = \theta_1 xz$$

$$\frac{dy}{dt} = \theta_2 xy$$

$$\frac{dz}{dt} = \theta_3 zy$$

$x \rightarrow$ 藩札

$y \rightarrow$ 正貨

$z \rightarrow$ 殖産興業による利益

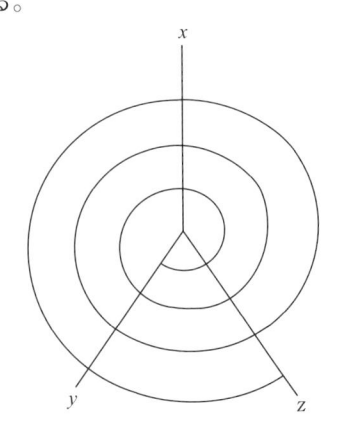

注

1) Kiyotaki, N, and J, H Moore 1997 "Credit Cycle" Journ of Poltical Economy 105, pp211-248

　　清滝とムーア・モデルのついては、斎藤誠『新しいマクロ経済学』有斐閣　2006　pp207-212.

2) 被食者と捕食者の相互作用モデルについては、クラウス・マインツア『複雑系思考』シュプリンガー・フェアラーク、1997参照

第3章

藩札の信用回復のハネムーン効果

　ポール・クルーグマンのターゲッド・ゾーン（目標相場圏）モデルによれば、為替レート・モデルは下記のように記述されている。

$$S = m + v + \frac{rE(ds)}{dt} \tag{1}$$

S は外国為替の直物価格

m は自国貨幣の供給

v は流通速度のショックを示す転換項（shift term）であり、最後の項は期待減価率である。

　貨幣政策において、クルーグマンは、ターゲット・ゾーン（極大値 $\bar{s}$、極小値 $\underline{s}$）を維持するために、自国の通貨供給量は変化すると仮定しているが、換言すれば s が $\bar{s}$ と $\underline{s}$ のバンド（band＝帯）の中にあるかぎり政府の貨幣政策に変更はないことになる。

vはランダムウォークに従うと仮定され dv=6dz と定義されている。

下図は、流通速度の転換項（v）と為替レート（s）の関係を示している。

クルーグマンはターゲット・ゾーンの内では為替レートがバンドの上端に接近すると、vの下落はvの上昇にともなうsの上昇よりも大きくsを引き下げることになると仮定している。換言すれば、期待減価率の負の変化率は、為替レートを低い位置へ引き降ろし、vとsの関係はバンドの端に接近するにつれて傾斜することになる。もし、ターゲット・ゾーンが信頼されている場合、為替レートがバンドの端に達したとき自己組織的にバンド内におさまるが、ターゲット・ゾーンが信頼されてい

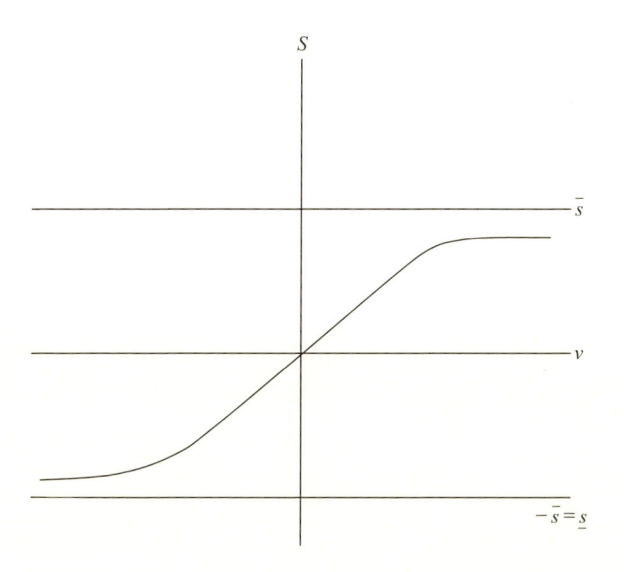

ない場合、バンド外へジャンプすることになる。$\bar{s}$と$\underline{s}$の維持に対する信頼が高い場合、バンドの両端に接近すればするほど中央銀行による介入の可能性が高くなるので外為ディーラーは、自らの通貨売買の方向性を介入がなくても変化させることになる[1]。

　もし、クルーグマンの独創的なアイディアを藩札と正貨の関係に応用するならば、もし領民が藩が充分な準備金を持っていると想定しているかぎりにおいて、藩札の値段が下落し続けても、ある値に近づければ自然に藩札の値段はそれ以上、下落しないことになるはずである。逆に、もし領民が藩が充分な準備金を持っていないと想定すれば、藩札の値段がある値を超えて下落すると札崩れが起こることになる。換言すれば、もし領民は藩が充分な準備金を持っていると想定しているかぎりにおいて、領民は藩札の値段が下落しても、正貨との両替を要求しないので、藩は充分な準備金を札座に置いておかなくても、藩札の値段はある値段以下には下落しない。もしそうであれば、藩は専売制と領外移出によって得た正貨を、江戸、大阪や備中松山藩の金融市場の変動を利用した投機目的や借金の返済等に効率的に運用できたのかもしれない。上記の主張を考察するために、藩札の信用回復のハネムーン効果について分析する。

　t時点における名目上の藩札の値段はt時点における藩札の値段のファンダメンタルズ水準と予想される将来の藩札相場の変化率によって決定されると仮定する。藩札のファンダメンタルズ水準はRt、つまりt時点における正貨での準備金の量と

第3章 藩札の信用回復のハネムーン効果 *83*

mt、つまり t 時点おける藩札の発行量によって決定されると仮定し、α, β_1, β_2 は定数とすれば、下記のように定式化できる。

$$St = ft + \alpha \frac{E\left(\dfrac{dst}{It}\right)}{dt} \tag{1}$$

$$ft \equiv B_1 Rt - B_2 mt \tag{2}$$

この藩札のファンダメンタルズ水準は新しい政策変更がない場合、ブラウン運動過程に従うと仮定する。

$$dft = \eta dt + 6 dzt \tag{3}$$

η と 6 は定数で dz はウィナー過程に従うものとする。

η はドリフトであり藩札相場のファンダメンタルズ水準のトレンド変化率である。

(1) 式より、バブル解を排除して、収斂する解を導出すると

$$\int t = \frac{1}{\alpha} \int_t^\infty + E\left(\frac{fz}{ft}\right) exp\left(-\frac{(z-t)}{\alpha}\right) dz \tag{4}$$

(4) 式より t 時点における藩札相場は、t 時点における藩札相場のファンダメンタルズ水準を含めて、予想される将来の藩札相場のファンダメンタルズ水準を割り引いた値の合計である。もし藩札相場のファンダメンタルズ水準 ft がつねに (3) 式によって与えられるならば、t 時点に予想される l 時点の藩札相場のファンダメンタルズ水準は

$$E\left(\frac{fz}{ft}\right) = ft + \eta(l-t) \tag{5}$$

84 第2部 山田方谷の藩札刷新政策の経済モデル

（5）式より、l時点の藩札相場のファンダメンタルズ水準は、t時点における藩札相場のファンダメンタルズ水準に、予想される藩札相場のファンダメンタルズ水準のトレンド変化を加えた水準である。藩が藩札市場には介入せず、藩札相場は常に（3）式の確率過程に従うと仮定する。

$St = G(ft)$ として伊藤の定理を利用すると予想される藩札相場の変化率は

$$\frac{E\left(\frac{dst}{It}\right)}{dt} = \frac{E\left(\frac{dG(ft)}{It}\right)}{dt} \quad (6)$$
$$= \eta G'(ft) + \frac{6^2}{2} G''(ft)$$

（6）式を（1）式に代入すると、藩札相場が下記のように導かれる。

$$St = G(ft) = ft + \alpha\eta + A_1 exp(\lambda_1 k) + A_2 exp(\lambda_2 k) \quad (7)$$

$$\lambda_1 = \frac{-\eta + \sqrt{\eta^2 + \frac{26^2}{\alpha}}}{6^2} > 0 \quad (8)$$

$$\lambda_2 = \frac{-\eta - \sqrt{\eta^2 + \frac{26^2}{\alpha}}}{6^2} < 0 \quad (9)$$

藩が藩札市場には介入しない場合には、投機的バブルを排除しない一般解として藩札相場は（7）式に従うことになる。

もし、投機的バブルを排除するならば、（7）式に境界条件を置き $A_1 = A_2 = 0$ とすることで、藩札相場は下記の方程式に従って変動することになる。

$St = ft + \alpha\eta$ (10)

　(10) 式が意味するのは、藩が藩札市場に介入しない場合、藩札相場は現在の藩札相場のファンダメンタルズ水準と予想される藩札相場のファンダメンタルズ水準のトレンドによって決定されることになる。

　もし藩札が藩札相場のファンダメンタルズ水準の変動に対して、藩札相場の上限$\bar{S}$と下限$\underline{S}$に藩札相場が達したら、藩は藩札相場の上限$\bar{S}$と下限$\underline{S}$を超えないように、正貨と藩札を交換することを公約するものとする。もし藩札相場Sが藩札相場のファンダメンタルズ水準fの単調増加関数 ($S = S(f)$) であるならば、藩は藩札相場の上限、下限を考慮して介入を約束するだけでなく、藩札相場のファンダメンタルズ水準に対して上限$\bar{f}$と下限$\underline{f}$を考慮しているものと仮定する。藩は藩札相場ファンダメンタルズ水準が (3) 式の確率過程に従って上限$\bar{f}$か下限$\underline{f}$に達したとき、藩札相場のファンダメンタルズ水準fを変化させ、準備金の量や藩札の発行量を変化させ、藩札相場の変動を安定化させるものとする。換言すれば、藩札相場のファンダメンタルズ水準が上限$\bar{f}$と下限$\underline{f}$の範囲を超えないならば、藩札相場は上限$\bar{S}$と下限$\underline{S}$との範囲に安定するものとする。つまり、藩札相場のファンダメンタルズ水準や藩札相場が上限や下限に近づくにつれて、領民が藩の公約を信用し、上限や下限に達した場合、藩が藩札市場に介入するという期待をもつことになる。もし領民がそのような予想に基づいて、藩札を売ったり、買ったりするという投機的行為をやめるようになれ

ば、藩札相場が上限や下限に達する前に安定することになる。つまり実際に、藩が藩札市場に介入しなくても、藩の公約を領民が信じているかぎり、藩札相場を上限$\bar{S}$と下限$\underline{S}$の範囲内に安定させることは可能である。一方もしあまりにも藩札の値段が高くなりすぎると、お互いの領民が、他の領民はこれ以上高くならないと予想すると思うので、実際に、藩札の値段はこれ以上高くならない。

　一方、もしあまりにも藩札の値段が低くなりすぎると、お互いの領民が他の領民はこれ以上低くならないと予想するので、実際の藩札の値段はこれ以上低くならないことになる。つまり藩は領民に藩札を正貨と必ず交換すると公約を信じこませるだけで、実際の藩札の流通量に相当する正貨での準備金の量は必要でなくなる。つまり、領民が藩の公約を信じてしまい、藩は領民に藩が藩札を正貨と交換するという公約を信じこませることで、実際の藩札の流通量に相当する正貨での準備金は必要でなかった。換言すれば、領民が藩の公約を信じているかぎり、正貨での準備金がまったくなくても、藩札の信用を維持し、藩札の流通量を増大させることは可能であったと考えられる。領民が藩の公約を信用することで、藩札を正貨と交換することはしないので、藩札の相場の変動が自己実現的に抑制されたのであろう。領民が藩の公約を信用することで、藩札の相場の変動が自己実現的に安定することになるということである。

　数学的に考えると、

$G'(\underline{f}) = G'(\overline{f}) = 0$ で、上限と下限でそれぞれ
$\overline{f} = f$ と $\underline{f} = f$ に接することになる。

(7) 式の $St = G(ft) = ft + \alpha\eta + A_1 exp(\lambda_1 k) + A_2 exp(\lambda_2 k)$ から

$$G'(\underline{f}) = 1 + A_1\lambda_1 exp(\lambda_1 \underline{f}) + A_2\lambda_2 exp(\lambda_2 \underline{f}) = 0$$
$$G'(\overline{f}) = 1 + A_1\lambda_1 exp(\lambda_1 \overline{f}) + A_2\lambda_2 exp(\lambda_2 \overline{f}) = 0$$

藩札相場Sが藩札相場のファンダメンタルズ水準 f の単調増加関数 ($S = S(f)$) であれば藩札相場がファンダメンタルズ水準の上限あるいは下限に近づくにつれて、備中松山藩の藩札担当者が藩札市場に介入や藩札と正貨との交換率を変更したり、藩札の市場価格でなく、公定価格にて正貨と交換するという予想を領民が持ち、お互いの領民がそのような予想、期待に基づいて、藩札を正貨と交換したりしなくなると考えられる。上記の主張を図式化すれば下記のようになる[2]。

新開陽一は「外為市場介入の効果」（日本経済新聞、1991年6月15日―22日）においてクルーグマンによるターゲット・ゾーン・モデルを協調介入の効果に応用し、下記のように述べている。

> ターゲット・ゾーンの存在は、それが市場の信認を得る限り、為替相場予想に影響を及ぼし、為替レートの変動を和らげる効果があるが、外貨枯渇の可能性がある場合には、市場はターゲット・ゾーンの存続に疑念を抱き、その結果として、ターゲット・ゾーンによる為替相場安定効果も減殺されてしまうので、これを回避するためには、市場介入できる外貨の上限を引上げる必要があるが、協調介入はまさにこれを実現する手段である。

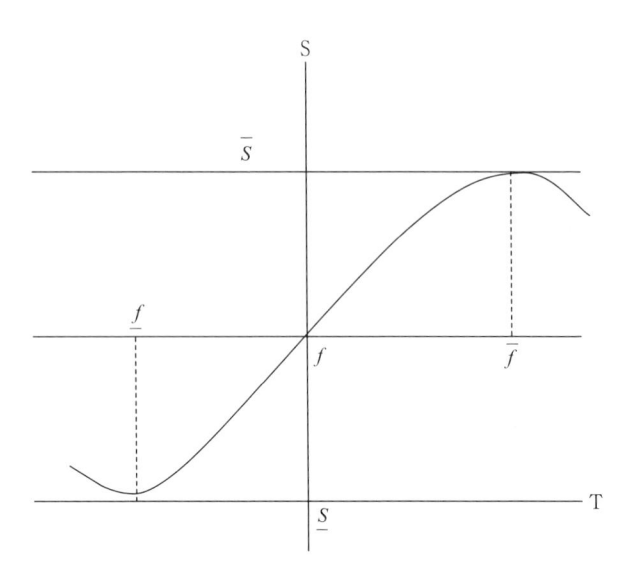

88　第2部　山田方谷の藩札刷新政策の経済モデル

一方、もし上記の主張で藩札相場の安定の分析に応用するならば、専売制が藩に正貨をもたらす限り、藩札相場は安定することになるが、専売制が藩に正貨をもたらさなくなると、藩札相場は不安定になるということである。

注
1) 上記のモデルは、ポール・クルーグマンのターゲット・ゾーンモデルを参照している。ターゲット・ゾーンあるいはバンドの存在そのものが、市場の予想の変化を通じて為替相場の動きを安定化させることになる。

Krugman Paul (1991) Target Zones and Exchange rate Dynamics, Quarterly Journal of Economics 106, pp669-82

ターゲット・ゾーン（目標相場圏）のモデルについては、宅和公志『国

際金融から世界金融へ、金融市場の無国籍性』エルコ　2005　pp184-191.
2)　方谷の藩札モデルはポール・クルーグマンのターゲット・ゾーンモデルを参照にしているが、詳しい説明については小川英治『国際通貨システムの安定性』東洋経済新報社、1998を参照。

第4章

山田方谷の藩札刷新モデル

　山田方谷は信用のなくなった藩札を領民の前で焼却し、新しい永銭と呼ばれる藩札を発行している。そのキャンペーンの効果を分析することは、通貨価値の回復のため、いかに金融政策を行うべきであるかを考察する場合、役に立つはずである。方谷が藩政改革を担当する以前において、準備金が充分でないのに、多量の藩札が発行されていた。そのため、備中松山藩の藩札は信用をなくし、価値が低下していた。その現象を数学的に定式化するならば、

$$\log p = -\lambda t + \mu \tag{1}$$

ここで p は藩札を正貨と同じであるとして受け入れている人の数（藩札を正貨と交換しない人）t は時間、λ, μ は定数である。

　したがって何か大きな政策が行わなければ、

$$\frac{dp}{dt} = -\lambda p \tag{2}$$

が成り立つはずである。

もし A = A(t) が時刻 t における新しい藩札の普及率であるとすると、

(1) から $A \equiv 0$ ならば $\frac{dp}{dt} = -\lambda p$ となる

もし $A \neq 0$ であるならば、藩札の値段は新しい藩札の普及率 A に比例し、また藩札市場の飽和状態、つまり $\frac{(N-P)}{N}$ にも比例すると仮定するものとする。ここで、N は領民の数を示す。そのため N は藩札の流通量の大きさを示すものであり、$\frac{(N-P)}{N}$ は、まだ藩札市場における藩札を信用していない人の程度、比率を示している。今までの前提条件から、下記の微分方程式が導きだされる。

$$\frac{dp}{dt} = rA\frac{(N-P)}{N} - \lambda P$$

ここで r は定数である。

$$\frac{dp}{dt} = \frac{rAN}{N} - \frac{rAP}{N} - \lambda P$$

$$\frac{dp}{dt} + \frac{rAP}{N} + \lambda P = rA$$

上記の方程式を整理すると

$$\frac{dp}{dt} + \left(\frac{rA}{N} + \lambda\right)p = rA \text{ となる}$$

$b = \frac{rA}{N} + \lambda$ とすれば

積分因数は $e^{\int b\,dt} = e^{bt}$ となる

92　第2部　山田方谷の藩札刷新政策の経済モデル

そのため $\dfrac{e^{bt}dp}{dt} + e^{bt}bp = e^{bt}rA$

つまり $\dfrac{d}{dt}(e^{bt}p) = e^{bt}rA$

$e^{bt}p = \displaystyle\int e^{bt}rAdt = rA\int e^{bt}dt$

　　　$= \dfrac{rAe^{bt}}{b} + c$

ここで C は積分定数である。

方谷は藩札の信用を回復させるために

　　ステップ（0）　何もしない

　　ステップ（1）　偽物の藩札と本物の藩札とを区別するために、本物の藩札に押印している。

　　ステップ（2）　その後、信用のなくなった藩札を正貨と交換し、買い取っている。

　　ステップ（3）　その後、信用のなくなった藩札を領民の前で焼却している。

　　ステップ（4）　その後、準備金を用意して新しい藩札を発行している。

上記の現象を数式化すると下記のようになると考えられる。

$$A(t) = \begin{cases} \overline{A} & T<T_0 \\ A(1) & T(1)<t<T(2) \\ A(2) & T(2)<t<T(3) \\ A(3) & T(3)<t<T(4) \\ A(4) & T(4)<t \end{cases}$$

第4章 山田方谷の藩札刷新モデル

T_0 より前において何も行われていない。

T(1) はステップ (1) が行われた時期である。

T(2) はステップ (2) が行われた時期である。

T(3) はステップ (3) が行われた時期である。

T(4) はステップ (4) が行われた時期である。

もし、時刻TにおいてP＝P_0であるなら、

$$P_0 = \frac{r\overline{A}}{b} + Ce^{-bt}$$ となる。

もし、t＝0 では

$$P_0 = \frac{r\overline{A}}{b} + c$$ となる

したがって、$C = P_0 - \frac{r\overline{A}}{b}$ となる。

そのため、T(1)＜t＜T(2) においては

$$P(t) = \frac{rA(1)}{b} + \left(P_0 - \frac{r\overline{A}}{b}\right)e^{-bt}$$ となる。

t_2＜t＜t_3 では

$$P(t) = \frac{rA_2}{b} + \left(P_0 - \frac{r\overline{A}}{b}\right)e^{-bt}$$

t_3＜t＜t_4

$$P(t) = \frac{rA_3}{b} + \left(P_0 - \frac{r\overline{A}}{b}\right)e^{-bt}$$

t＜0 では $\overline{A}=0$ であるので

$$\frac{dp}{dt} = -\lambda P$$

その解は $P = Ke^{-\lambda t}$ である。Kは定数。

したがって t＝t_0 では P_0

$t < t_0$ では

$$P_{(t)} = P_0 e - \lambda(t_0 - t')$$

時刻 t′ において準備金があまりないのに多量の藩札が発行されたと仮定する。

上記の現象を図式化すると下記のようになる。

備中松山藩の藩札の値段が藩札の信用度の増加関数とすれば

$S = \alpha(P - P')$ となる。

$S = \alpha P$ となる

S = 藩札の値段

α = パラメーター

P = 藩札の信用度

P' = 藩札の信用度の臨界値

$0 < \alpha < 1$ であれば、つまり領民の期待が適応的であれば、藩札の信用度がある一定水準にまで到達しても、藩札の値段はすぐにも上昇しないことになる。しかしながら、$\alpha > 1$ であり、領民の期待が合理的であれば、藩札の信用度がある一定水準になれば、藩札の値段はすぐに上昇することになる。

領民の期待を適応的なものから合理的なものにするために、方谷は領民の前で、藩札刷新のキャンペーンを行ったと考えられる。

$$S_t = S_{t-1} + \beta(r^e_{t+1} - r_t)$$

S_t は時刻 t における藩札の値段

r_t は時刻 t における正貨での準備金

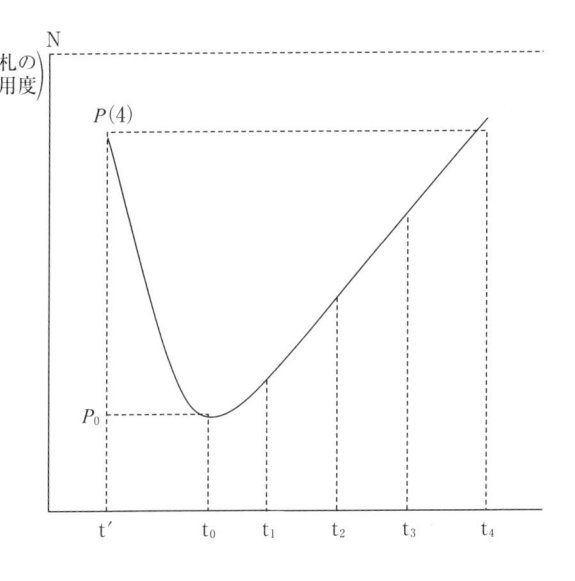

第4章 山田方谷の藩札刷新モデル　95

$P\begin{pmatrix}藩札の\\信用度\end{pmatrix}$

N

$P(4)$

P_0

t'　t_0　t_1　t_2　t_3　t_4

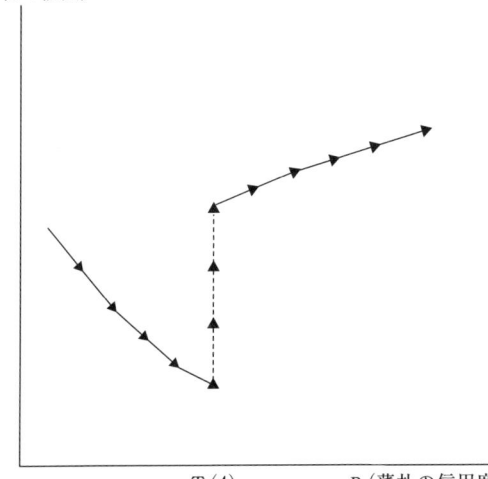

S（藩札の値段）

$T(4)$　　P（藩札の信用度）

r_{t+1}^eは時刻 t+1 において、つまり将来においての領民が予想した正貨での準備金

β は調整係数

上記の方程式が意味するものは、時刻 t+1 において、正貨での準備金が増大すると、領民が予想すれば、時刻 t における藩札の値段は上昇することになる[1]。

備中松山藩の利益は、税収、領民への貸出利益、殖産興業の利益、米相場や金貨・銀貨などの変動による投機利益などであった[2]。個々の利益に対して藩札の信用というものが深く関係していた。その複雑な関係をモデル化すると下記のようになる。

(1) $y = \beta y_B + (1-\beta) y_A$

(2) $y_B = \theta_1 PM$

(3) $T = \theta_2 y_A$

(4) $G = T + \pi + y_B + S - \dfrac{F}{e}$

(5) $\pi = \theta_3 rL - \phi(L, P)$

(6) $S = \theta_4 R + \theta_5 J$

(7) $R = \alpha g + (1-\alpha) m$

(8) $P = \theta_6 G$

(9) $M = f(y, P, G, g, m)$

(10) $J = \theta_7 (\overline{P} - P')$

(11) $P' = f(M, P)$

(12) $y_A = \theta_9 PM - \theta_{10} P' - \theta_{11} t'$

第4章　山田方谷の藩札刷新モデル　97

y は備中松山藩全体の収入

y_A は領民全体の収入

y_B は藩の収入

P は藩札の値段

M は藩札の発行量

T は領民からの税収

G は藩の財政収入

π は藩の領民に対する貸出収入

S は藩の投機利益

r は藩の領民に対する貸出金利

L は藩の貸出量

$\phi(L, P)$ は藩の費用関数であり、貸出量 L と藩札の価値 P に依存している。$\phi(L, P)$ はエージェンシー・コスト（Agency Cost）である。そのコストとは、例えば、貸手は借手の返済能力を調査するのにかかる費用などである。

$\beta, \theta_1, \theta_2, \theta_3, \theta_4, \theta_5, \alpha, \theta_6$ は調整係数である。

方程式（1）$y = \beta y_B + (1-\beta) y_A$ の場合、β が1であれば、藩がすべての商権を独占し、$\beta < 1$ であれば、藩が少し領民に商権を戻したことになる。

借手の資産や担保価値が上昇すれば、エージェンシー・コストは低下すると考えられる。エージェンシー・コストが低いほど、貸手は借手に貸出やすくなる。同様に、藩札の価値の上昇は、エージェンシー・コストが低下し、藩の領民に対する貸出量が増大し、景気がよくなる。藩札の価値 P は藩の費用に対

して負の影響を及ぼし、貸出量Lは正の影響を及ぼすと考えられる。

$\phi(P)<0 \quad \phi(L)>0$

Rは金貨や銀貨などの変動を利用した投機利益

Jは米相場の変動を利用した投機利益

gは金貨での準備金

mは銀貨での準備金

調整係数であるαは、もし銀貨に対して金貨の値段が上昇していれば、αを上昇させれば、つまり銀貨を売り金貨を保有していけば、投機利益は上昇することになる。一方、もし金貨に対して銀貨の値段が上昇していれば、αを減少させれば、つまり金貨を売り銀貨を保有していけば、投機利益は上昇することになる。eは為替レート、つまり金貨と銀貨の交換レートであり、Fは藩の負債額である。eが上昇すればするほど、Fは減少することになる。つまり、もし藩の借金が金貨建という契約であり、その状況において銀貨が金貨に対して上昇していれば、藩が殖産興業において、銀貨を手に入れて借金を返済すると、藩の実質上の借金は減少することを意味する。方程式（9）は藩札の発行量（流通量）は藩の収入、藩札の値段、正貨の価値に依存することを意味している。

$$\frac{\alpha M}{\alpha y}>0 \quad \frac{\alpha M}{\alpha P}>0 \quad \frac{\alpha M}{\alpha G}>0 \quad \frac{\alpha M}{\alpha g}\left(\frac{dg}{dt}>0\right)$$

$$\frac{\alpha M}{\alpha m}>0 \left(\frac{dm}{dt}>0\right)$$

方程式（10）$J=\theta_7(\overline{P}-P')$において、

Jは物価の差を利用した投機利益

$\bar{P}$は江戸の物価水準

P′は備中松山藩の物価水準

　方程式（11）において、備中松山藩の物価水準は、藩札の発行量、藩札の値段、そして藩の生産高に依存することを示している。藩札の信用が下落し、紙幣価値の下落は、物価の異常な騰高を生じるものと仮定する。

$$\frac{\alpha P'}{\alpha M}<0 \qquad \frac{\alpha P'}{\alpha P}>0$$

　藩札の流通量の増大は生産を増大させ、物不足の状態から脱出して物価の上昇を抑えると仮定すると、方程式（12）は、物価の上昇は経済的にマイナスであることを示している。

$$\frac{\alpha y_A}{\alpha P'}<0$$

　もし藩の専売制によるほうが、領民に商権を戻して税収を得るより上であれば、藩にとって専売制のほうが合理的となる。一方、藩が専売制による利益より、領民が商権を持ち、その税収が上回っていれば、藩は商権を領民に戻しているほうが、藩にとって財政再建という視点において、合理的となる[3]。

　上記の主張を図式化すると下図のようになる。

　$t=t_0$　　　において

　$y_A=y_B$

　$t=t_1$　　　において

　$y_A>y_B$

第2部　山田方谷の藩札刷新政策の経済モデル

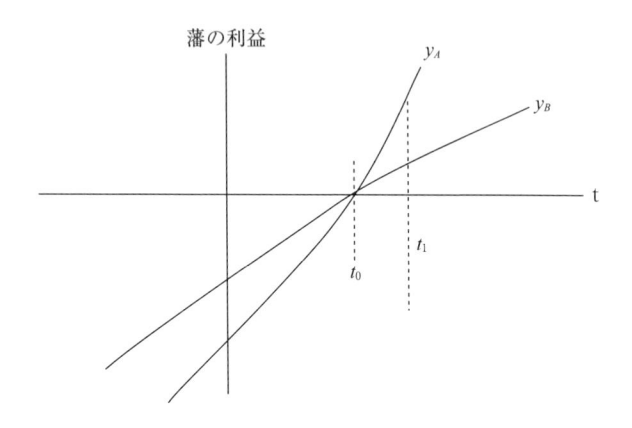

$t_0 > t$　　　において

$y_B > y_A$

藩の利益のグラフ（縦軸：藩の利益、横軸：t）。y_A と y_B の二直線が t_0 で交わり、t_1 の位置も示されている。

注

1) 上記の数学モデルは、ヴィデールとウルフの広告に対する売上げ反応の数学モデルを参照している。

　その広告モデルについては、デヴィッド・バージェス／モラグ・ボリー著『微分方程式で数学モデルを作ろう』日本評論社　1990　pp75-81.

2) 太田健一は次のように述べている。

　右にみるように、不人気の五匁札を回収、焼却したことは、直接的には松山藩、藩札の社会的信用を高めることとなったが、間接的には膨張する藩札量の縮小は藩内の物価の抑制と安定に寄与することとなったものと思われる。この五匁札整理の後、元締役方谷は新たに百匁札、十文札五文札の三種を発行したが、これらは、永銭札又は永札と呼ばれ、それぞれの札の裏面に正金との引替価額を明記したことが注目に値するものであった。すなわち、五文札裏には、この札200枚をもって金一両と交換するとしており、これによって銭一貫文は金一

両と引替えることを保障したものであった。幕末期には、長札（すなわち、永銭札発行以前の藩札）は金一両八〇匁位で引替えられ、永銭札は長札の八～九分（80～90％）位の相場で引替えられている。このような事情を考慮するならば、米価その他の生産物の価格は、旧藩札（長札）と新藩札（永銭札）、金、銀銭の交換比率、他藩札の評価などの要素が複雑に絡み合って、市場物価が構成されており、可成りの創意と工夫によって投機的に利益を生み出すことが可能であったと推定できる。

　　　（太田健一『山田方谷のメッセージ』吉備人選書　2006　pp125-126.)
3）　撫育の急務上申（十月、安政二年）其御撫育の方は、無レ限事に御座へ共、先づ當り御急務と可レ申者、御家中は御借り上米を御戻被レ下候に有レ之、百性は課役を減し、難澁村を御取立被レ下、町人は金銭融通を付、交易を盛に被二成下一候に有レ之候儀と奉レ存候

(出典：山田準編纂『山田方谷全集』第二巻　明徳出版社　1996　p.202.（1345))

　　方谷は上記に述べられているように1855年（安政二年）になって借り上げ米の戻し、百姓の年貢の軽減、領民への金銭融通を述べ、士民撫育の重要性を強調している。上記の主張を経済学の視点から分析すれば、方谷は専売制により、財政再建や備中松山藩の経済活性化に成功しているが、市場経済というものも重視していると考えられ、もし、方谷が現代に生きていれば、アダム．スミスの経済学や新古典派経済学を完全に否定するようなことはなかったのではないかと思われる。

第5章

今後の研究の方向性

　金融危機が発生しても、その影響が経済恐慌にまでならない経済システムの構築や制度があれば、何かのマイナスのショックがあっても、同時にそれに対抗するプラスのショックがあれば、大恐慌にまではならないことになる。今後の研究として、どのようにしたら、資本主義経済システムを集積効果と分散効果が一致したソリトン型経済システムへと進化させたらよいのか明らかにするために、方谷の藩政改革と経済政策をヒントとし、方谷の経済思想を明らかにして、現代のマクロ経済学と統合しようとするものである。そうすれば、外的ショックに対して、いかにしたら政府介入がなくても、自動調整能力が働くようになるのか、明らかになる。

　方谷の通貨政策を理解するためには、宋、元、明の通貨政策についての充分な理解が必要であると思われる。そのために、宋、元、明の通貨政策についての歴史的分析を行い、方谷の通

貨政策と比較することで、その共通点と相違点を明らかにすることができる。もし、その相違点から、方谷の独創性を明らかにすることができれば、現代の金融政策の発展に貢献できるであろう。元にとって、交鈔の回収とその信用維持、銅銭への府庫への集積という経済的目標を同時に達成するために、交鈔の発行、流通量を銅銭との兌換による回収ではなく、徴税という手段によるものであった。元は紙幣回収量を増大しても、紙幣発行量を増大させたので、紙幣の安定は得られなかった。

　元は信用のなくなった紙幣の平価切下げを行い、新しい紙幣を発行している。例えば、至元二十四年に、中統鈔は五分の一に切り下げられ、至元鈔一に対して、中統鈔五の交換レートが定められ、中統鈔は回収されず、そのまま流通し、中統鈔の至元鈔への完全な切換えではなく、中統鈔を devaluate したが、新しい紙幣である至元鈔とともに流通させている[1]。

　一方、方谷は、価値の下落した紙幣を切り下げることは行わないで、その紙幣をより価値の高い正貨と交換している[2]。

　元の通貨政策と違い、価値の下落した旧札と新しい紙幣の交換レートを藩が設定したが、その交換レートにおいて、旧札の切り上げを行ったことになる。つまり領民は、旧札を正貨と交換したり、新札と交換することで、領民が余剰資金を手に入れるようにさせている。

　元の通貨政策を分析した場合、通貨を安定させる手法は理解できても、通過の信用がなくなり、通貨価値が下落し、人々の資産が下落している状態において、金融政策により、通貨の信

用を回復させた方谷の手法の背後にある経済思想を見いだすことができない。仮説ではあるが、方谷は、老子、孫子からリデルハートの戦略論、言語学における語用論、ターンパイク理論に共通する間接性というものに注目し、商売を通じての実務経験から、市場における投機の本質を見抜き、資産価格の変動は売り手と買い手の相互作用によるものであることを学んだと思われる[3]。

現代の金融市場の分析から理解できることは利益目的の投機において買い手は将来、売り手に転ずるのでたとえ現在において資産価格は上昇していても、将来において資産価格を下落させる傾向を持っている。資産価格の変動は売り手と買い手の相互作用によるので、資産価格を将来において上昇させようと思えば、現在において下落させなければならない。換言すれば、ドルを将来上昇させようとすれば、現在において、人々の円での持高を増加させ、ドルでの持高を減少させることを意味する。同様に方谷は、将来新しい藩札の価値を上昇させようとすれば、領民の正貨での持高を増加させる必要があった。

注
1) 高橋弘臣『元朝貨幣政策成立過程の研究』東洋書院　2000
　　岩村忍『モンゴル社会経済史の研究』京都大学人文科学研究所　1968
2) 宮原信『山田方谷―その人と詩』明徳出版社　1982
3) 経済学においてターンパイク理論は、別名、高速道路の定理と呼ばれ、自動車が目的地に向かうのに地理的な迂回をあえてしても、高速道路にのった方が、最終的には早く目的地に到着できるというものである。リ

デル・ハートの戦略論において間接的アプローチとは、目標を達成する場合、目標に対して直接的に攻撃するのではなく、達成したい目標とは違う目標を達成することで、最終的に達成したい目標を達成するということである。言語学における語用論においても相手のマイナスになることは遠まわしに、間接的に表現するという間接表現という概念が存在する。方谷の経済政策の目的は、正貨の準備金の増大であり、そのために一時的に正貨の準備金を減少させることで、正貨の準備金の増大を目指していると考えられる。
(リデル・ハート　森沢亀鶴訳『戦略論　間接的アプローチ』原書房 1986 今井邦彦『語用論への招待』大修館書店　2001)

第 3 部

山田方谷の財政再建と金融マクロ経済政策

はじめに

(1) なぜ山田方谷は藩政改革に成功したのか

　山田方谷がなぜ備中松山藩の藩政改革に成功したのかを考える場合、マネーサプライの変化が産出量や物価に対して直ちに効果をもつように金融政策を行い、経済を安定化させているからであろう[1]。一方、エーベルとバーナンキは、

> マネー・サプライの変化が産出量や物価に対して直ちに効果をもつならば、経済を安定させるために金融政策を使うことは比較的容易である。連邦準備は経済が物価の安定のもとで完全雇用を達成するまで金融政策を調節すればよい。不幸にして、多くの実証分析によれば、金融政策が経済に与える影響までにはかなり長期の時間がかかると見られる。

と述べており、金融政策の効果の遅れについて強調している[2]。そのため、方谷の経済政策と市場経済を重視する経済学とは異なる。備中松山藩の藩札が産出量や物価に対して効果があったのは、封建経済システムにおける専売制、換言すれば、統制経済システムや中央計画経済システムの側面を有する経済システムに依存していたからであり、マネーサプライが産出量や物価に対して直ちに効果を持たないのは、自由主義経済に依存しているからである。最新のマクロ経済理論では通貨は中立であるとされており、信用統制による量的政策はあまり重視されていない。現在において、新古典派経済学が主流であるように思わ

れ、景気循環と通貨の量が無視され、金利というものが重視されている[3]。一方、方谷の経済政策においては、藩札の信用回復と藩札という通貨量の増大が重視されており、新古典派経済学とは対立している。幕末の藩政改革においては、藩札という通貨の創造が中心的な役割をしていた。また戦時中の統制経済においても、貨幣の創造と配分が中心的な役割をしていた[4]。リチャード・A・ヴェルナーは次のように述べている[5]。

　戦時中の立案者が、資源配分を左右するおもな手段として、銀行融資のほうを好んだ最大の理由は、銀行が経済に流通する大半の通貨を創造しているからだった。しかも、誰にその通貨が渡るかという重要な決定も、彼らが行っている。銀行家の行動は社会の公平と平等に根本的に影響を与えるのだ。購買力をある部門には与えず、新しく創出された通貨を別の部門に与えることで、経済全体の風景が一変する。この銀行の決定的な役割を考えれば、革新官僚と戦時の立案者が銀行に強い興味をもったのも不思議ではない。彼らは、銀行と経済成長には重要なつながりがあるという経済理論を見つけた。土地、労働、資本、技術といったインプットが増加すれば、経済成長は加速させる。これまで見てきたように、戦時の官僚はすでに労働市場と企業経営を効率的に組織し、土地と人的資源の効率的な動員を確実にする方法を見いだしていた。銀行は資本と技術のインプットを最大化するための主要な道具として役立った。技術とは与えられた資源をより効率的に組み合わせる新しい方法に他ならない。おいしい料理を作る新しいレシピのようなものだ。それが消費者に高く評価される。だが、新しいレシピを考え出して技術革新した者や創造的な起業家は問題にぶつかる。アイデアを大規模に事業化するために企業を起こす資金がないのだ。起業家は市場で資金を調達することも、銀行から借り入れることも可能だ。彼または彼女

はどちらでもいいと思うかもしれない。だが、経済全体からすれば、この２つには決定的な違いがある。

　投資家が起業家に資金を出すとすれば、ほかの投資先（債券、株式、銀行預金、あるいはほかのベンチャー企業）から金を引き上げなければならない。その結果、すでに存在した購買力が新しい用途に使われることになり、別の経済活動は縮小する。技術革新にもかかわらず、経済は成長しない。信用創造量で決定される国民所得というパイは変わらないままだ。ところが起業家が銀行システムから金を借りれば、追加の購買力が創造される。そして、それまでのプロジェクトを中止する必要がない。ほんとうだろうか、話がうますぎる、と思われるかもしれない。それなら、新しい優れたアイデアすべて事業化できるよう、中央銀行が紙幣を印刷するか、銀行が融資すればいいのではないか？　原則としては、そのとおりだ。ふつう懸念されるのは、過剰な通貨創造によってインフレが起こるのではないかということだ。だが、通貨が生産的なプロジェクトに使われて、生産が増加するかぎり、インフレは起こらない。より多くの通貨が創造されても、そのお金が賢明に使われて生産が増加する。貸出残高も生産高も増大し、価格は変化しない。

　だが、余分なお金が創造されても、それが新技術に投資されて生産を増大させるのではなく、消費や投機に使われれば、より多くの貨幣が変わらぬ量の商品とサービスに注ぎ込まれることになる。物価は上昇し、インフレが起こるだろう。「自由市場経済」では、銀行は信用を創造し、相手が非生産的な使い方をする借り手であっても好きなように配分することができる。これは、結局は、銀行のためにもならない。非生産的な目的に使われた融資はリスクが大きい。生産的に使われた場合にだけ、信用は金利を支払って元金を返済するのに必要な所得を生む。

（中略）

　戦時日本の経済理論家は、政府が、中央銀行をコントロールすべ

きだと主張した。そして、中央銀行は銀行をコントロールして、国益にかなうように貨幣の創造量と配分を規制しなければならない。

上記の主張は、自由市場経済では、マネーサプライの変化が産出量や物価に対して直ちに効果を持つことができず、統制経済においては、マネーサプライの変化が産出量や物価に対して直ちに効果をもつ可能性があるということを示唆しているように解釈できる。つまり、ある状況においては統制経済や中央計画経済が経済活性化において効果があることを強調するものであり、市場経済や自由主義経済の優位性を強調する議論とは対立する。そのために、方谷による備中松山藩の専売制というものを、戦時中の統制経済、ソ連の中央計画経済、中国の統制型経済システムと比較することで、経済発展と財政赤字解決のための新しい経済システムについて研究していくことは意義のあることであると思われる[6]。

(2) 山田方谷の藩政改革と経済政策その本質と現代的意義

「方谷は藩が領民から生産物を購入し、江戸で販売するという専売制という経済システムを通じて価格や賃金を調整することができた」ということに関して、その経済的意義について分析してみることにする。専売制という経済システムは経済統制というものを含んでいると考えられる[7]。あるいは統制経済とは異なる自由主義経済の視点から、専売制という経済システムを分析してみることは価値のあることかもしれない。

一方、備中松山藩の経済システムにおいて、経済統制と市場における価格調整という一見すると矛盾する経済的要因を含んでいると考えられる。池上惇は、「専売とは、財政上の収入のために、国家が財貨の生産や販売の全部または一部を独占することである」と述べている[8]。方谷も、備中松山藩における財政収入を専売あるいは藩の独占的あるいは統制的事業に依存しているが、供給制限による独占価格の設定により、独占利潤を増加させていない。方谷は、むしろ、領民から以前より高い価格で生産物を購入し、購入した価格よりもより高い価格で、生産物を江戸で販売している。当時の江戸における物価水準が、備中松山藩よりも高水準であり、価格統制と価格調整による相乗効果により、藩も領民も豊かになったのである。

> 宮原信によると「すべての工人が仕事に精励するなら物資も金もゆたかになり、流通もうまく行くようになる。撫育の仕事の成功の秘訣はこの点にある。義と利とをほんのすこしでもとりちがえると、士人が利を逐うだけの商人と同一になりさがることは免れることができないのである」[9]。

このように、商権を藩が奪いとる専売制という統制経済システムにより、藩の財政を再建しているが、藩が供給制限による価格の引き上げにより、領民を犠牲にするようなことはしていないであろう。

歴史的資料によれば、

撫育の急務上申（十月、安政二年）、其御撫育の方は、無ゝ限事に御座へ共、先づ差當り御急務と可ゝ申者、御家中は御借り上米を御戻被ゝ下候に有ゝ之、百姓は課役を減し、難澁村を御取立被ゝ下、町人は金銭融通を付、交易を盛に被ﾚ成下ﾚ、候に有ﾚ之候儀と奉ゝ在候（出典；山田隼編「山田方谷全集」第二冊、明徳出版社、1996、p.202（1345））

と述べており、方谷は、1855（安政二）年になって、借り上げ米の戻し、百姓の年貢の軽減、領民への金銭融通を行い、士民撫育の重要性を強調している。つまり、領民に藩の商権の一部を戻したとも解釈できる。そのため、備中松山藩の専売制システムは、統制経済と自由主義経済という2つの矛盾したシステムを含んだものであった。

R. ドーンブッシュは、

ヨーロッパの政策、とりわけ、西ドイツの政策は債務と赤字の問題を重視するものだった。失業が記録的な高さにのぼり、かつ失業の上昇時期でさえ、財政政策は赤字解消を目的としたため、非常に抑制的なものだった。他のヨーロッパ諸国は程度の差こそあれ、ドイツの例に従った。しかし赤字の是正を過度に急ぐと、財政収支が実際には悪化する可能性がある。最適な政策は、経済成長によって、債務負担を賄うために、税収をあげることである。危険なことは、財政的困難が増大しつづけるなかで、過大な課税が課税ベースを縮小させることである

と述べている[10] 上記の主張と方谷の財政政策には、共通のものがある。つまり、方谷は藩の財政赤字を過度に急いで是正するという思想を持っていなかった。なぜなら、詩や資料を分析

してみれば、領民の撫育というものを強調している。もし方谷の経済政策が、財政赤字の解消のみを目的としていたならば、借り上げ米の戻し、百姓の年貢の軽減、領民への金銭融通という経済政策を行わなかったはずである。方谷は状況に応じて、領民からの買上価格、領民への課税率、備中松山藩の経済市場における藩の独占率を変化させることで、つまり備中松山藩における国民所得における藩と領民との分配率を、うまく変化させることで、備中松山藩の国民所得を最大化させることに成功し、藩と領民も共に豊かになることができた。

注

1) 太田健一『山田方谷のメッセージ』吉備人選書　2006
2) エーベルとバーナンキ『マクロ経済学下』エーピー出版　2007　p.820.
3) 小野善康『不況の経済学　甦るケインズ』日本経済新聞社　1994
   リチャード・A・ヴェルナー『円の支配者』草思社　2001
4) 同上
5) 同上　p.96.
6) 下記の論文が参考になる。
   「中国世界が景気後退一色に染まるなか資本主義とは異なる統制型経済が勝ち続ける理由」を次のように述べている。
   欧米の資本主義国が景気後退に苦しみ貿易戦争の兆候も表れはじめた世界経済危機脱出の処方箋となるのは、中国の統制型資本主義か孤高の論客が唱える「デリバテイブ推進」論か、あるいは世界経済は悪化する一途だが、中国だけは今年もかなりの成長を達成しそうだ。それは、この国が主要国のなかで唯一、経済の基本ルールをことごとく無視する常習犯であることと無縁ではない。
   中国に真の市場経済は存在しない。政府は統計をごまかし、株価を操

作し、主要産業の商品価格を決定する。戦略的産業の多くは国有だし、銀行の主要ポストには共産党員が送り込まれ、融資先や投資先を指図する。

　だが今、中国経済が他の経済大国ほどのスピードで減速していない最大の理由は、政府によるこうした経済への干渉にある。政府は金融業への外資参入を規制し、今回の危機の主たる原因となった複雑な金融商品を認めてこなかった。世界経済は今、過去70年間で最悪の後退局面にある。そのなかで、最も貧しく混沌とした巨大経済をかかえる中国が、最も堅実な成長を遂げようとしている。この国の統制型資本主義がうまく機能するのはなぜなのか。

　中国政府は危機に際して、市場経済的な措置と統制型資本主義的な措置の両方を取ることができる。たとえば住宅市場が過熱ぎみだった昨年初め、政府は銀行に住宅ローンの貸し付け制限を命令。住宅の売り上げが落ち込んできたところで、住宅購入者への減税措置といった市場活性化策を採用した。西側諸国のように6,000億ドル規模の大型景気刺激策を発表しつつ、西側では不適切とみなされる干渉も行っている。1月上旬には鉄鋼や建設などの国有企業に対し、国内外で「新たな資産」の買収を進め、国家経済で「積極的な役割を果たす」よう要請した。

　かつて政府の干渉は経済が未熟な国の悪弊とみなされたが、今や安定の要と目されている。「政府が主な資本集約産業を管理しているので中国の今後は楽観できる」と、香港の投資銀行CLSAのエコノミスト、アンドルー・ロスマンは言う。「なにしろ、政府が企業に「投資を続けろ。設備投資を先送りするな」と命令できるのだから」

　輸出市場や国内株式市場の大幅な低迷にもかかわらず、中国経済の09年の成長率は7%を超える可能性が高い。

　（中略）

　中国経済がうまくいっているのは、徹底的な現実主義に基づき、経済の自由化をゆっくりと、しかし着実に進めることに焦点を絞っていることにある。鄧が「石を模して川を渡る（石がどこにあるか確かめながら

川を渡る)」と表現したプロセスだ。

（中略）

実際、中国は最近になって、燃料価格を国際水準に近づけるため燃料補助金の削減を進めている。これは長期的計画の一環だ。政府は製品・サービスの価格の95%を統制していたが、15年かけてこれを全体の5%ほどに減らした。時間をかけるのはロシアと同じ失敗を避けるためだ。共産主義体制崩壊で価格統制が撤廃された直後の92年、ロシアは年率1000%の超インフレに見舞われた。「中国はショック療法を求めていない。（ロシアの例をみれば）治療にならないことは明らかだ」と、ブルッキングズ研究所の李成上級研究員は指摘する。

（出典：Why China works「中国モデルに世界が学ぶとき」Newsweek 2009.2.11 pp32-37.)

7) 池上惇は『財政学―現代財政システムの総合的解明』岩波書店 p.284において、「もし企業が債務と過剰な設備をかかえているときには、インフレーションが債務の負担を軽減することになる。第一次大戦後の不況をまのあたりにして、インフレーションと企業活動を研究した。I.フィッシャーは、彼のリフレーションの理論において、不況は物価の下落をもたらし、これによって生ずる負債の実質的増加を企業は負うことになると考え、負債の増加分をインフレーションによって是正すべきことを主張した」と述べている。上記の議論は、ポール・クルーグマンのインフレ・ターゲティング論にも通じるところがあると考えられるが、一方、方谷も物価上昇による負債の実質的債務の減少という恩恵にあずかっている。つまり、方谷は、江戸への移出をともなう専売制により、負債の実質的債務の減少という恩恵にあずかっていると考えられる。

8) 池上惇『財政学―現代財政システムの総合的解明』岩波書店 1990 pp.277-288.

9) 宮原信「山田方谷の詩」―その全訳 明徳出版社 1982 p488.

10) R.ドーンブッシュ『現代国際金融、ドル危機、債務危機、財政赤字』HBJ出版局、1988 p.288.

第1章
現代に生かす山田方谷の藩政改革と財政再建

　国も地方も財政赤字に苦しんでいるが、経済不況でますます政府の税収は減少するばかりである。一部の金持ちや都会への富の集中が起こり、若者は故郷である地方を捨て都会への人口の流入が加速化している。財政問題とは単純に言えば、財政赤字のことである。財政赤字とはつまり政府収入に対しての政府支出額が多いということである。実際、政府収入はますます減少し、政府支出はますます増加するばかりであるということである。政府にとって財政赤字の単純な解決法は増税であるかもしれない。しかし歴史を見れば、いかに増税することが困難であるか理解できるはずである。そのため、歴史は繰り返すと言われるが、政府はいつの時代においても紙幣増発や貨幣の改悪といった経済政策により、財政赤字を埋め合わせてきた。

　しかし結果として、一時的に財政赤字の問題を解決できたとしても、通貨価値の下落が起こり、人々を苦しめることに

なった。政府の税収が減少しても公務員の給与や政府支出を減少させることが困難なため、増税するしか方法がないのだとすれば、多くの国民を苦しめ、不満を増大させることになる。まさに今、日本全体がそのような状態にあると言える。「財政赤字の原因は日本が福祉国家になったことである」と主張する経済学者もいるかもしれない。しかし、少子高齢化、若者のニート、フリーターの増加、失業者の増加という現在の日本において、社会保障費に対する支出を減少させることはできない。福祉政策の充実と増税は比例的な関係にならざるをえないが、増税は国民の不満と企業のやる気を失わせるかもしれない。増税をせずに福祉政策の充実をはかるかということが今求められている。

　また地方も国家の巨大な財政赤字において、いかに国家からの補助金に頼らずに、自立した地域再生を行うべきであるかということが求められている。現代の多くの経済学者の議論によれば、大きな政府か小さな政府か、規制緩和、民営化すべきかどうか、増税による財政再建か減税による経済成長かという二元論に基づいた議論ばかりである。塩沢由典は朝日新聞、2008年2月29日付「一日交流圏、視点、関西スクエア」において「関西は、工場の誘致といった国内のパイの奪い合いではなく、パイ全体を大きくすることも考えるべきです。関西は経済発展の一つのモデルになりうるのです。都市が持つ商品やサービスを生み出す力とは何か、それは人と人とが出会う場であることです。新たな、他にないものがここにあるという雰囲気が共有

されていないと、魅力ある都市とはいえない。新たなものを生んでいけば、東京に行って全国発信してもらう必要もない。向こうから来ます。著名な都市論者のジェーン・ジェイコブスは、経済発展をもたらすのは都市であり、国家ではないと言っています」と述べている。

上記の主張をヒントにして考えてみれば、国や地方公共団体の財政再建は都市の発展によって可能である。地方への補助金を減らすとか、支出を減らすとかいう議論よりも、いかに都市を魅力的なものにし、発展させ、人口の流入を増加させることが大切になる。そのような経済政策を行ううえで参考になるのが、幕末の藩政改革である。例えば、山田方谷という人物は、備中松山藩の赤字を短期間で黒字にし産業政策を行うことで領民を裕福にし、藩を豊かにしている。その財政再建手法は専売制と藩札の発行である。備中松山藩の藩札を発行しても、その価格の下落は起こらず、順調に流通している。なぜなら、領民に藩札を融通し、領民に商品を生産させ、藩がその商品を買い取り江戸へ移出し仕入れ価格よりも高く売っているからである。つまり現代風に述べれば、民と官による合併企業により収益を生み出し、その収益を福祉政策のために支出している。換言すれば、民と官による協調政策により民も官もお互いが利益を得ている。方谷において注目すべきことは、財政赤字において通貨を発行したにもかかわらず、通貨価格の下落が起こっていない。国際マクロ経済学の定説によれば、実証研究により国際協調の便益は少ないといえる。しかしながら、方谷の藩政改

革を分析すると、国家間の協調政策の効果は少ないが、地域間あるいは官と民における協調政策の効果はあるということがいえる。

　方谷は藩の財政が赤字の状況において、市場原理による競争政策でなく、専売制という藩が領民から商品を買い取り、民でなく藩である官がその商品を販売し、藩の財政が黒字になると商権の一部を領民に戻し、市場原理をうまく活用し、さらに経済を活性化させている。地域再生において、いかにして他の地域とのネットワークを考えるのか、そして今ある資源、情報、人材を効率的に組み合わせ、地域通貨を発行し、地域通貨の信用を高める為に、ネットワーク型の産業構造を作り出すことが大切である。日本経済の活力が衰えたのは大きな政府になったからであるという意見もあるが、アメリカのレーガン政権の経済政策の失敗を見ればわかるように、小さな政府にすれば解決するものではない。

　豊かさの中の貧困という現在の日本において、ケインズも一般理論の中で、その解決策を見いだしていない。通貨を増発しても通貨価値を安定させることができないのであれば、福祉国家を維持できないし、経済を活性化し、財政問題も解決できない。繁栄から衰亡という文明の一つの法則として、歴史家のトインビーは『歴史の研究』において、シュペングラーの『西洋の没落』と違い、歴史を決定論と考えてはいない。トインビーによれば、文明の発達とは、逆境や環境に対する挑戦である。つまり、逆境や環境に対して、うまく対応すれば、改革できる

可能性があるということである。方谷も、逆境や環境に対してうまく対応したので、備中松山藩の藩政改革に成功したのだと考えることができる。換言すれば、中国の易で述べているように、成功の中に失敗があるのと同様に、失敗の中にも成功がある。

改革のために、方谷の経済政策の背後にある法則を現代に生かすとすれば、国や地方の公共団体の財源を税収でなく、通貨発行、地方公共団体の企業化による利益によってまかなうものとし、さらなる増税により社会的弱者をさらに苦しめるようなことはしないことである。市場原理主義と規制緩和を主張する経済学者が多い中で、方谷のように付加価値の高い製品を生み出す産業の育成こそが、地域再生と財政再建につながるであろう。デフレから脱出できず、企業の将来の収益の予想が悲観的になっている現在において、低金利政策、公共投資、量的緩和政策に企業が反応せず、投資や雇用を増大しないのは当然である。ケインズが主張するように、不況は市場原理だけでなく政府からの介入がないと好況にならないということである。しかしながら、現在において、巨額な財政赤字のために、積極的財政政策は困難である。そのために、官と民との協働の企業体と技術開発が必要になる。

方谷から学ぶべきことは、現在の日本の再生に必要なことは、財政支出の減少でも、赤字国債による公共投資でもなく、官と民による創造的破壊でないイノベーションにより官と民も共に利益を得ることである。そのための財源を増税でなく、

江戸時代の藩札や地域通貨のようなものに求めるとよい。この提案に関しては、山田方谷全集によると次のようである。

> 先生ノ元締トナルヤ、負債整理ト共ニ、藩札ノ整理ヲ重視シ、先ヅ不信ノ五匁札ヲ公然焼棄シ、確固ナル準備金ノ下ニ、永銭ト稱スル新札ヲ発行ス。此札信用厚ク、他藩領ニマデ流通ス[1]。

つまり資料をそのまま解釈すれば、方谷は準備金を増加したので、藩札が信用されたことになる。しかし、永銭という藩札が流通したのは、その経済システムに対して領民が信頼したからではないかと考えられる。梅原郁は、南宋の例を挙げている。

> 南宋の紙幣は地理的位置と経済圏を反映して、四川、江北、江南の三ブロックにわけて発行されている。四川は北宋以来の通貨特別区、湖北と両淮の江北は、金との緩衝地帯でいずれも鉄銭の行使区域となっていた。東南会子と呼ばれる国都臨安発行の紙幣は、三年一界で、総発行額一千万貫にのぼり、一貫と五百、三百、二百文の四種があり、銅銭と併用して十分にその機能を発揮した。これらの紙幣には、かならずしもそれに見合う兌換準備金が用意されていたわけではない。にもかかわらず、それが広く順調に流通した理由は貨幣経済の高度な発達もさることながら、その信用度に十分な裏付けがなされていたからにほかならぬ。その裏付けとは塩と茶の専売、とりわけ前者との連関である。江蘇、浙江の製塩場で生産される塩は、東南会子の通行区域の消費をまかない、その専売益金は会子によって回収される。150年も続く長い南宋時代、こうした背景をもつことで、はじめて会子は安定をもつことができた[2]。

彼の主張は、方谷は正貨での準備金を増加したので、藩札が信用されたという解釈を支持しないことになり、藩札の信用

は専売制の裏付けであり専売益金は藩札によって回収されることで、藩札は安定性をもつことができたとも考えることもできる。方谷を現代の地方自治体の財政再建に生かすとすれば、国、地方自治体や地方企業等による専売制に裏づけられた政府券、地域通貨等の発行により財源を作り出すことである。そしてその専売制が地域に経済的広がりをもたらし、新しい経済網を生み出すことが期待される。各地域において、AはBを作りBはCを作り、Cが再びAを作るという経済ネットワークの中で多くの商品を生み出し、付加価値の増大と所得の増大を目指すべきである。

注
1) 山田準編『山田方谷全集』第二巻明徳出版社　1996　p.186.
2) 梅原郁『中国の歴史5 宋王朝と新文化』講談社　1977　pp.136-137.

第2章

現代の財政思想

　アダム・スミスは国富論において、政府の活動は不生産的であり、市場経済の効率的資源配分を損なうので政府活動は軍事、司法、公共事業など必要最小限にとどめるべきであると主張した[1]。上記の主張は「安価な政府」という言葉に代表されるように、アダム・スミスは国家の私的経済活動への干渉を排除すべきであるとして、自由放任主義を主張している。アダム・スミスは、国家の収入を公債でなくて応益原則に基づいた課税が望ましいとしているが、その理念は、市場の効率を重視したものであるといえる。

　一方、アダム・スミスに代表される古典派財政論と違い、シュタインに代表される正統派財政論においては、政府の活動は生産的なものであるとし、アダム・スミスと違い、公債発行を認めている。シュタインの租税再生産説によれば、政府の活動は民間の生産力を増大させ、その結果として租税による国

家収入が増大し、政府の活動が活発になる。つまりシュタインは、政府の活動と民間の活動を有機的循環として考えている[2]。

　ケインズ経済学の登場以来、アダム・スミスの主張する「安価な政府」ではなく、軍事費、公共事業費だけでなく、社会保障費等を国家が負担する「大きな政府」が誕生することになり、国家経費は増大し続け、ピーコックとワイズマンが主張する転位効果の存在を証明するものであった[3]。古典派経済学によれば、価格と賃金が速やかに変化することで、経済は不均衡から均衡へ戻ると考えるが、ケインズによれば、価格と賃金は速やかに変化しない状況においては、均衡へ自動的に戻らないと考えており、非自発的失業の発生を余儀なくされている。ケインズは、財政赤字を拡大して、需給ギャップを調整し、失業を解消すべきであるとしているが、歴史的に分析すれば、ケインズ以後、国家経費は膨張し、財政赤字が増大し続けており、わが国においては、規制緩和と民営化を中心とする構造改革論が主流となりつつある。もし方谷の藩政改革と財政再建の背後にある財政思想を現代の財政学あるいは財政思想の視点から分析すれば一つの財政論で把握することはできない。方谷は、アダム・スミスのように公債発行を容認していないが、しかし安価な政府を目指しているようには思われない[4]。なぜなら備中松山藩において、軍事費、外交費だけでなく、社会保障費、教育費、公共事業費等も藩が負担したからである。アダム・スミスと違い、正統派財政学と同じように、政府の活動を不生産的

でなく、生産的であると見なしている。

　しかし、方谷は正統派財政学と違い、公債発行を容認していない。藩札という通貨発行に求め、政府の活動も民間の活動も生産的であるとし、政府の活動と民間の活動の相互作用を重視することで、両者の活動をさらに活性化させている。方谷は経済不況に応じて、経済全体における政府部門と民間部門における比重あるいは役割を変化させている。その結果として、藩も富を生み、領民も富を生むことになるので、究極的に財政赤字というものは発生しないことになる。方谷はケインズと違い、経済不況においては、財政赤字を拡大して需給ギャップを調整し、失業を解消するものではないので、備中松山藩において藩の経費が増大し、財政赤字が拡大しない。方谷は藩が領民から生産物を購入し、江戸で販売するという専売制という経済システムを通じて価格や賃金を調整することができた[5]。藩が財政赤字の場合、専売制により利益を上げることで藩を財政黒字にすることができた。藩が財政黒字になると、領民から生産物を高く購入することで、領民を富かにすることができ、その結果として、経済を活性化させることができた。また、藩が財政黒字となり、完全雇用の状況においては、藩が領民に商権の一部を戻し、現代の構造改革論で議論されているように、経済効率や市場原理というものを重視した。

　方谷の財政思想は現代にも通じるし、現代の経済学者が方谷から学ぶべきことは、「小さな政府」か「大きな政府」あるいは「国営化」か「民営化」などと議論することよりも、非線形

（同じ経済政策を行っても時と状況によって効果が異なること）という概念をよく認識し、経済政策の効果を上昇させる経済システムを構築することである[6]。

注
1) アダム・スミス著、大河内一男編『国富論』中央公論社　1968
2) 室上義正『財政学』ミネルヴァ書房　2008　pp39-43.
3) 同上
4) 鳥越一男「第1章　山田方谷と地方自治―藩財政の改革をめぐって」坂本忠次編著『地域史における自治と分権』大学教育出版　1999
5) 方谷が専売制という統制型経済システムにより、価格や賃金を調整するという経済政策においては、新古典派経済学やケインズ経済学を含むものであると考えられる。
6) 非線形システムについては、吉田和男『複雑系思考』イーストプレス　1999

第3章

新しい財政理論と金融市場

　アダム・スミスは国富論において、政府機能を軍事、司法、公共投資等に限定し、政府経費の節約による安価な政府を目指している。財政再建のために、政府歳出をカットし、公共部門を民営化することにより、経済を活性化しようとする現代の行財政改革は、スミスの経済思想と一致するものである。一方、方谷も藩政改革において節約を重視し、無駄な支出を抑制するものであり、上記の主張と共通するものもある。しかしながら、方谷の経済思想が、アダム・スミスの経済思想と異なる点は、方谷は節約により手に入れることができた余裕資金を、藩札発行の準備金、米相場の投機資金、経済的弱者への生活保護のための支援、領民の生産した商品の購入資金等の目的に利用していることである。つまり、アダム・スミスのように、官と民、あるいは公共部門と私的部門を別々のものとして考える二分法では、方谷の経済思想を捉えることができない。方谷には

第3章 新しい財政理論と金融市場　*129*

藩が少ない資金を効率的に運用して利益を生み出すという発想が見られ、アダム・スミスには官が富を生み出すという発想が見られない。方谷の場合、藩も民もともに利益を生み出すという発想があり、藩は民が利益を生み出すことを支援し、民も藩が利益を生み出すことを支援するような経済体制を構築している。つまり、藩と民との相互作用というものを方谷は重視している。一方、アダム・スミスの場合、官と民との相互作用というものを重視していないが、J. M. ケインズの一般理論においては、官と民との相互作用という発想を見いだすことができる。ケインズは赤字財政による有効需要の拡大により、経済を不況から回復させようとするものである。経済が不況から回復した場合、増税により財政赤字を均衡させようというものである。そのために、政府により民間企業が利益を生み出すのを支援し、民間企業も政府の財政赤字を均衡させるのを支援する。

　しかしながら、方谷とケインズが異なっているのは、ケインズには官が富を生み出すという発想がなく、政府支出の財源を公債に依存しているということである。アダム・スミスは公債発行を国家破産につながる可能性があるとして、国富論において批判的な立場であるが、税収のみに依存すれば、政府支出には限界がある。一方、方谷は政府支出の財源を専売と通商の商業利潤に依存するというものである。方谷の経済思想を分析することにおいて、モンゴル帝国の経済システムについては無視できない。

　杉山正明はモンゴル帝国の興亡に関して、以下のとおり述べ

ている。

　自由経済を掲げる大元ウルスを中心にして、13世紀末頃から出現してくる「ユーラシア大交易圏」はこうしたクビライとその経済官僚たちによって保護、育成された陸、海の企業体を主な担い手としたのである。それは歴史上かつてない規模と様相であった。

　これと関連して、クビライ国家のシステムには、もう一つの際立った特徴が認められる。それはフビライ以後の大元ウルスの中央財政は、ほとんど農業生産物からの税収に期待せず、専売と通商利潤をもって、歳入の8割から9割を組み上げていたことである。重商主義の財政運営と言ってよい。

　そのうち最大の収入源は「塩引」すなわち専売品とされた塩の引き換え券の売り上げ代金であった。塩そのものを転がしたのではなく、貴重な塩とリンクした有価証券である「塩引」を中央政府が操作したのである。しかもアクマドを首班とするクビライの経済官僚たちは、中国在来の「塩引」という方式を、モンゴルが基幹通貨とする銀とリンクさせた。そこに妙味があった。帝国の拡大につれ膨脹し続ける通貨需要に応じきれるほど、当時まだ銀の絶対量は多くなかった。16世紀以降の南北アメリカ大陸の銀の出現後とは条件が違う、塩という実質価値とつながる「塩引」は、またとない補助通貨となった。国家による塩の専売事業と銀に代わる高額の実質「紙幣」の運用とは、クビライ王朝の経済運営の眼目であった。

　この「塩引」に次ぐ収入は、各種の商取引から徴収する「商税」であった。いわゆる間接税にあたる税率は30分の1、おおよそ、3.3パーセントを原則とする。クビライ政権は、従来は各都市、港湾渡津、通過税を完全に撤廃した。すべての物品の売り上げ税は、最終売却地で1回だけ支払えばよいとした。これは、歴史を画する英断であった。その結果、大型の遠距離交易は、きわめてスムーズになった。必然の勢いとして、大小の物流は活性化した。結果的

に、流通量が急増し、経済面から社会全体の結び付きも高まり、商税収入も増大した。さらに、この商税の納入も、銀ないし銀とリンクした塩引および紙幣でおこなわれた。かくして大元ウルスの経済運営は銀を媒介物として、すべてが組み立てられた[1]。

このように、モンゴル帝国は「塩引」を銀とリンクし、領民が「塩引」という有価証券を保有することで、塩との交換を保障され「塩引」による商税の納入も認めることで、「塩引」に対しての信用を維持させていた。方谷もモンゴル帝国の通貨政策と同様に、藩札を専売事業と結びつけることで、藩札の信用を維持させていた。姫路藩や福井藩を除き、岡山藩を含め、多くの藩では、財政赤字に対して経費支出のために藩札を乱発することで藩札の信用を下落させている。一方、方谷は藩札発行と専売事業を同時に行い、藩札発行と専売事業の相互作用により、藩の支出の為の資金を作り出している。つまり、藩札発行が専売事業を支援し、専売事業が藩札発行を支援している。

徳川時代においても、領民による租税の支払いは米だけでなく、正貨、藩札でもおこなわれていた[2]。方谷は藩政改革において産業振興、教育改革、軍制改革、藩札刷新、民政刷新など、多くの政策を実行している。つまり備中松山藩はアダム・スミスが提唱した安価な政府とは異なり、軍事、司法、公共投資のための費用だけでなく、教育費、社会保障費、藩債の返済費など、多くの支出を余儀なくされていた。そのための財源は何であったかということを考える場合、米相場の変動、正貨の変動、藩札の変動をうまく利用することで、投機的利益を生み

出していたならば、専売事業による収益に加えて租税による投機的利益を含めて、アダム・スミスが提唱する小さな政府、安価な政府と違い、大きな政府を実現していたと考えられる[3]。

アダム・スミスは国富論において、国富の増大を考察し、ケインズは一般理論において失業者の減少について考察している。一方、方谷は、藩政改革において「上、下共に富む」ということを目標にしており、財政再建、失業者の減少、そして福祉の向上という経済的目標を同時に達成することを目指していた。方谷はできるだけ支出を抑制し、専売事業による収益と租税による投機的利益を増大させたので、短期間で、財政再建に成功したが、ここで藩札と正貨での準備金の関係について、もう一度、考察してみることにする。もし藩札の信用を増大すれば、正貨での準備金を増大させることになる。しかしながら、藩札の交換準備金としての正貨を増大させれば、それは藩が自由に使える財源を減少させる。例えば、正貨での準備金を増大させることは、大阪商人に対しての借金の返済額や投機の為に使える資金が減少する。換言すれば、藩札の信用増大と藩の支出額の増大は、対立、あるいは矛盾する。その経済的対立、矛盾を解決する為に、できるだけ正貨での準備金を減少させ、藩札の発行量の増大、流通に成功すれば、問題は解決する。渡辺努、岩村充は

> 私たちは歴史の中に金本位制という貨幣制度があり、そして現代の管理通貨制という制度があると教えられてきた。しかし金本位

制下の貨幣価値決定というのは、金にリンクして価値が定まった貨幣という言葉が示すほど単純なものではなかったはずである。金本位制という制度のもとでも、貨幣価値の決定に決定的な影響を与えるのは財政や金融に対する人々の予想形成であって、金にリンクさえしていれば、貨幣の価値が直ちに決まるというようなものではない。金準備がいくら小さくなっても、人々が現在から将来に至る財政のポリシーについて一定の予想をもち、また金利の動向についても一定の予想をもっているならば、貨幣の価値に対する人々の評価は形成されるし、それとのバランスにおいて金と貨幣との相対価格つまり平価も形成される。すなわち、金本位制を制度として設計するためには、貨幣量に比例的な金準備が必要なわけではないのである。実際、最も古典的な金本位制の時代であったとされ、法令によって中央銀行に比例準備や限度額超金額準備を要求していた19世紀英国でも金準備と銀行券発行高の関係は、片方が増減すると、他方も比例的に増減するというような機械的なものではなかった。例えば、1836年恐慌時の1836年1月から翌37年2月までの約1年間に、イングランド銀行の金準備高は、700万ポンドから400万ポンドに急減しているにもかかわらず、同行の銀行券発行高は1,700万ポンドの水準を保ってほとんど変化していない。金本位制における通貨供給の実際は、金とリンクするという制度の建前から想像されるほどには、自動的あるいは、機械的なものではなかったわけだ。

と述べている[4]。

このように考えるならば、領民が藩札を信用するかどうかに関しては、正貨での準備金の量というものは決定的なものでなく、財政や金融に対する領民の予想形成であることになる。換言すれば、領民が藩が貨幣価値を変化させるつもりがないだろ

うと信じているかぎり、領民は藩札を急いで正貨と両替するために札座に押しかけることはなく藩札は札くずれしない。

　方谷は唐代末期から元の時代に至る紙幣の利害に関して詩を作っている。その中で「紙幣というものは翼がないのに鳥のようによく飛ぶものである。手軽で流通しやすいという点が世人がこのものにつくようになる所以である。衰頽と混乱のきざしの生じて来た時代を救済するのにはこのものが最も効果がある。中国唐代の財政政策はかならずしもすべて非であったとは言えない」と述べている[5]。つまり方谷の藩政改革と財政再建を考察する場合において、通貨政策というものを無視できないことになる。ローレンス・J・コトリコフは「国家破産を避るために、通貨発行という手段があるが、将来におけるインフレーションというコストを伴うことになるかもしれない」と述べている[6]。しかしながら、方谷の財政再建と通貨政策を分析すれば、国家破産を避けるために通貨発行という手段は、将来におけるインフレーションというコストを伴わないことになる。現代の財政学の視点から分析すれば、いかに財政を再建するかという議論や財政支出の財源としての税金、公債発行、そして通貨発行の経済的効果という議論だけでなく、通貨の信用を回復し、通貨価値の下落を引き起こさないようにし、どのような経済分野にどのような状況において投資すべきであるのか、ということも議論していくことが大切である。

注

1) 杉山正明『モンゴル帝国の興亡下』講談社　1996　pp.191-192.
2) 徳川時代においても、領民による租税の支払いは米だけでなく、正貨、藩札でもおこなわれていたというのは太田健一先生の御教授によるものである。
3) 「大きな政府を実現していた」という意味においてケインズの経済思想と一致するものではないかと思われる。
4) 渡辺努・岩村充著『新しい物価理論―物価水準の財政理論と金融政策の役割―』2004　pp12-13.
5) 宮原信『山田方谷の詩―その全訳―』明徳出版社　1982　pp.553-554.
6) ローレンス・J・コトリコフ著、アン．D.クルーガー編、具塚啓明『日本財政破綻回避への戦略』日本経済新聞出版社　2007　p.190.

参考文献

安藤英男訳『頼山陽通議』白川書院 1997

朝森要『幕末史の研究』備中松山藩 岩田書院 2004

アダム・スミス著、大河内一男編『国富論』中央公論社 1968

岩村忍『モンゴル社会経済史の研究』京都大学人文科学研究所 1968

伊東光晴「世界的な長期不況入りは避けられない」今回の経済危機の本質『エコノミスト』2008.12.23 pp66-69.

池上惇『財政学―現代財政システムの総合的解明』岩波書店 1990

梅原郁『中国の歴史5 宋王朝と新文化』講談社 1977

エーベルとバーナンキ『マクロ経済学下』エービー出版 2007

太田健一『山田方谷のメッセージ』吉備人選書 2006

小野善康『不況の経済学 甦るケインズ』日本経済新聞社 1994

小川英治『国際通貨システムの安定性』東洋経済新報社 1998

坂本忠次編『地域史における自治と分権』大学教育出版 1999

斎藤誠『新しいマクロ経済学』有斐閣 2006

司馬遷著、具塚茂樹・川勝義雄訳『史記列伝 第六十九貨殖列伝』中央公論社 1968

鹿野嘉昭『藩札の経済学』東洋経済新報社 2011

杉山正明『モンゴル帝国の興亡 下』講談社 1996

S. B. ソウル著、堀晋作・西村閑也訳『世界貿易の構造とイギリス経済』法政大学出版局 1974

高橋弘臣『元朝貨幣政策成立過程の研究』東洋書院 2000

藤野保編『九州と生産、流通』国書刊行会 1960

堀江保蔵『我國近世の専売制度』臨川書店 1933

堀江保蔵『国産奨励と国産専売』塙選書 1963

D・スペルベル，D・ウィルソン著『関連性理論 伝達と認知』第2版 研究社出版 1999

参考文献

J. M. ケインズ『雇用、利子および貨幣の一般理論』東洋経済新報社　2003

宅和公志『国際金融から世界金融へ金融市場の無国籍性』エルコ　2005

デヴィッド．バージェス．モラグ．ボリー『微分方程式で数学モデルを作ろう』日本評論社　1990

トーマス．J.サージェント著、國府田桂一・鹿野嘉昭・榊原健一訳『合理的期待とインフレーション』東洋経済新報社　1988

中谷巌『入門マクロ経済学 第3版』日本評論社　1995

野島透『山田方谷に学ぶ財政改革』明徳出版社　2002

宮崎義一・伊東光晴『ケインズ．ハロッド』中央公論社　1998

宮原信『山田方谷—その人と詩』明徳出版社　1976

三宅康久『現代に生かす山田方谷の藩政改革』大学教育出版　2006

山梨正明『認知言語学原理』くろしお出版　2000

山田準編『山田方谷全集』第二巻　明徳出版社　1996

矢吹邦彦『炎の陽明学—山田方谷伝』明徳出版社　1996

安岡正篤『易学入門』明徳出版社　1960

渡辺　努『市場の予想と経済政策の有効性』国際金融政策のゲーム論的分析　東洋経済新報社　1994

渡辺努・岩村充『新しい物価理論』岩波書店　2004

鳥越一男「第1章　山田方谷と地方自治—藩財政の改革をめぐって—」坂本忠次編著『地域史における自治と分権』大学教育出版　1999

室上義正『財政学』ミネルヴァ書房　2008

リチャード・A・ヴェルナー『円の支配者』草思社　2001

ローレンス・J・コトリコフ著、アン．D.クルーガー編、具塚啓明訳『日本財政破綻回避の戦略』日本経済新聞出版社　2007

R・ドーンブッシュ『現代国際金融、ドル危機　債務危機、財政赤字』HBJ出版局　1988

渡辺努・岩村充『新しい物価理論—物価水準の財政理論と金融政策の役割—』岩波書店　2004

宮原信『山田方谷の詩—その全訳—』明徳出版社　1982

吉田和男『複雑系思考』イースト・プレス　1999

Lucas, R, E Econometric Policy Evaluation: A critique in K Brunner and H, neltzer（eds）The Philips Curve and labor Markets Amsterdam: North-Holland 1976 pp19-46

Kydland, F, E and E, C Prescott "Rules rather than Discretion" The in consistency of Optimal Plans Journal of Political economy 85 pp473-492 1977

kydland, F, E and E, C Prescott　Time to build and aggregate fluctuation Econometric 50. pp1345-1370 1982

Kiyotaki, N and J, H Moore Credit Cycles Journal of Political Economy, 105 pp211-248 1997

Krugman, Paul Target Zones and Exchange Rate Dynamics. Quarterly Journal of Economics, 106 pp669-82 1991

■ 著者紹介

三宅　康久　（みやけ　やすひさ）

関西高校、関西学院大学経済学部卒業後、英国へ留学。
ロンドン大学より経済学修士号取得（国際マクロ経済学、国際金融論専攻）
ロンドン大学大学院博士課程
京都大学大学院経済学研究科にて、金融市場の研究に従事する。
帰国後、山陽学園大学にて山田方谷論について教授する。
山田方谷研究会　事務局長
山田方谷研究会事務局
　　岡山市北区小山 502
　　FAX　086-287-2397
　　TEL　090-8608-6616
　　E-mail: houkoku 0221m.jp@gmail.com
主な著書
『英語長文読解力』（単著）文英堂、2001
『英語教育実践学』（共著）開降堂、2005
『山田方谷の研究』（共著）山田方谷研究会、2006
『現代に生かす山田方谷の藩政改革』（単著）大学教育出版、2006

山田方谷の藩政改革とその現代的意義
―― 経済政策を中心として ――

2011 年 9 月 30 日　初版第 1 刷発行

■ 著　　者 ―― 三宅康久
■ 発 行 者 ―― 佐藤　守
■ 発 行 所 ―― 株式会社 大学教育出版
　　　　　　　〒 700-0953　岡山市南区西市 855-4
　　　　　　　電話（086）244-1268　FAX（086）246-0294
■ 印刷製本 ―― サンコー印刷㈱

© Yasuhisa Miyake 2011, Printed in Japan
検印省略　　落丁・乱丁本はお取り替えいたします。
本書のコピー・スキャン・デジタル化等の無断複製は著作権法上での例外を除き禁じられています。
ISBN978-4-86429-095-1